大夏书系·阅读教育

梁增红/著

走向语文素养的阅读教学

华东师范大学出版社
全国百佳图书出版单位
·上海·

图书在版编目(CIP)数据

走向语文素养的阅读教学／梁增红著. —上海：华东师范大学出版社,2021
ISBN 978-7-5760-1273-6

Ⅰ.①走… Ⅱ.①梁… Ⅲ.①阅读课—教学研究—中学 Ⅳ.①G633.332

中国版本图书馆 CIP 数据核字(2021)第 030257 号

大夏书系·阅读教育
走向语文素养的阅读教学

著　　者	梁增红
责任编辑	卢风保
责任校对	杨　坤
封面设计	奇文云海·设计顾问

出版发行	华东师范大学出版社
社　　址	上海市中山北路3663号 邮编 200062
网　　址	www.ecnupress.com.cn
电　　话	021-60821666 行政传真 021-62572105
客服电话	021-62865537
邮购电话	021-62869887 地址 上海市中山北路3663号华东师范大学校内先锋路口
网　　店	http://hdsdcbs.tmall.com

印 刷 者	北京季蜂印刷有限公司
开　　本	700×1000　16开
插　　页	1
印　　张	14.5
字　　数	215千字
版　　次	2021年4月第一版
印　　次	2025年2月第四次
印　　数	10 101 - 11 100
书　　号	ISBN 978-7-5760-1273-6
定　　价	49.80元

出版人　王　焰

(如发现本版图书有印订质量问题,请寄回本社市场部调换或电话021-62865537联系)

自 序

2014年，我出版了《简洁语文教学的守望与探寻》（温儒敏、黄厚江先生作序）。因为深感当时的语文教学中，一些非语文、泛语文的东西的泛滥导致语文课不像语文课，语文教学"丢盔弃甲""丧魂失魄"，所以，我提出了"简洁语文"的教学主张，希望语文教学"减肥消肿"，"简洁而不简单"，在"乱花渐欲迷人眼"的状态中，能清醒地意识到"无论出发多远"也能"找到回家的路"。这一主张在媒体上获得了一些认可，在一线教师中得到了些许的应和，我和部分志趣相投的老师也在努力践行着。

然而，"简洁语文"并非语文教学的旨归，只是对当时语文教育教学的一种修补，一种改良，批判多于建设。

那么，语文教学到底意欲何为？

我不想再煞费苦心给自己的语文教学下一条夺人眼球的定义，树一面与众不同的旗帜，占一个以我为王的山头，做一番主题宏大的叙事。事实上，这是不可能做到的。身处一线的老师，说得悲壮一些是"戴着镣铐跳舞"，说得时尚一些是"既要有眼前的苟且，也要有诗和远方"，也许我绞尽脑汁，皓首穷经，只不过是在做一件出力而不讨好的事情。语文教学的魅力就在于，它有太多说不清道不明的理论建构，有太多充满个性的阐释解读空间，还有太多与时俱进的发展可能。

但总有一些东西是共通的，贯穿语文教学的命脉——

语文教学，是教学生学语文的。

语文教学，是教学生学习运用语言文字的。

语文教学，是语言学习与精神成长共舞的。

语文教学，要在学生心田播下读书的种子，让学生受用一辈子。

近年来，我时常思考：如果说"简洁语文"是我教学主张的1.0版，那么，我的2.0版又是怎样的？恰在此时，"核心素养"一词横空出世，并迅速成为教育界的热词，给我带来了巨大的思维冲击。这个概念看上去高大上，作为语文老师该何去何从，在教育教学实践中将它落小、落细、落实？

"立言立人"灵光一闪，在我脑中盘旋，似乎在告诉我：这就是一个人语文素养的最高境界！

我的语文教学追求趋于明晰：把学生精神成长作为教育的旨归，以简洁而又丰厚、感性与理性兼备、自然中蕴含品质的语文实践活动为平台，促进学生"立言立人"。

韩愈《答李翊书》中有言："养其根而俟其实，加其膏而希其光。根之茂者其实遂，膏之沃者其光晔。""立言"，是指提升学生的语文关键能力。语文教学要构建文字、文章、文学、文化四位一体的"小语文"课堂，还要拓展课外丰富的"大语文"资源，让学生的语文素养"根深叶茂"，受用一生。"立人"，是指促进学生的精神成长。语文教学要带领学生徜徉于语言文字中，用生命去体验、用心灵去感悟、用言语去表达，逐渐形成、提升自己的人生观与价值观。

所有语文教学活动中，阅读是最重要的一件事。有人认为阅读是运用语言文字来获取信息，认识世界，发展思维，并获得审美体验的活动；有人认为阅读是从视觉材料中获取信息的过程；还有人认为阅读是一种理解、领悟、吸收、鉴赏、评价和探究文章的思维过程。不管怎么说，阅读是人的基本素养甚至是核心素养，这是毋庸置疑的。

国际阅读素养进展研究项目（PIRLS）认为，"阅读素养是学生从小学开始就应该掌握的最重要的能力"。阅读行为与态度，不仅涉及读者从各类文本中建构意义的能力，而且也是支撑一个人终身阅读的基础。文明社会里，阅读行为与态度将对充分实现个人潜能发挥重要的作用。可以说，阅读贯穿了人的一生，是中小学生精神输入的最基本的途径，也是最基本的成长方式，阅读决定着一个人发展的高度。

现实如何？早在1978年3月，吕叔湘先生就在《人民日报》上发表了《当前语文教学中两个迫切问题》。他说："十年的时间，二千七百多课时，用来学本国语文，却是大多数不过关，岂非咄咄怪事！"吕叔湘先生这篇文章切中了中小学语文教学存在问题的要害——"少、慢、差、费"。这篇文章的发表，曾被当时的语文教学界称誉为震人心魄的"一声惊雷"，在整个中小学语文教学界引起了极为广泛的反响。

如今，几十年过去了，吕老对新时期语文教学改革的期待与呼唤，似乎还没有乐观的变化。学生不爱读、不会读的情形依然顽固地存在，因素很多，难以细说。语文人夙夜忧叹，备感任重道远。然而，怨天尤人，于事无补。与其坐而论道，不如起而行之。我和很多语文老师一样，都试图在语文教学中做一番尝试和探索，不奢望完全打破这个魔咒，唯愿在自己的课堂上做一点点改变，教出一点底气，教出一点品位，教出一点价值，教出一点尊严。能改变多少是多少，从批判走向建设。

我坚信，征服世界的将是这样一些人：开始的时候，他们试图找到理想中的乐园；最终，当他们无法找到的时候，就亲手创造了它。

是为序。

梁增红

2020年10月

目 录

第一辑　阅读教学之解读：语文素养发展的应然追求

教学解读：将"作品"转化为"课文"	/003
语文课导入"三忌"	/010
语文教学中情境创设的误区及对策	/016
品读关键词，探究文本义	/023
审美：文学作品教学的核心	/031
文本的教学解读要有"三度"	/041
句子有密码，妙处与君说	/051
不教什么：从"细读"到"细教"的追问	/059
分享语言：散文阅读教学的关键	/066
细品标点滋味长	/071
关于波折的教学路径摭谈	/079
自读课文：阅读教学的另一半	/086
阅读教学：走一步，再走一步	/090

第二辑　阅读教学之场景：语文素养发展的实然路径

例谈小说阅读方法指导教学
　　——我教《猫》　　　　　　　　　　　　　　　　/099

朗读要"得他滋味"
　　——我教《虽有嘉肴》　　　　　　　　　　　　　/108

自读课，教师要克制"讲的冲动"
　　——我教《一棵小桃树》　　　　　　　　　　　　/114

提挈"三个一"，指向"两个一"
　　——我教《周亚夫军细柳》　　　　　　　　　　　/123

"黄金配角"也重要
　　——我教《范进中举》　　　　　　　　　　　　　/130

教出"这一篇"的特性
　　——我教《昆明的雨》　　　　　　　　　　　　　/135

第三辑　阅读教学之思辨：语文素养发展的本然选择

"互联网＋语文"还是"语文＋互联网" /145
单篇教学咋就成了"过街老鼠" /148
当学生拿着参考书回答问题 /153
好课借鉴：变"暗中摸索"为"明里探讨" /155
教学有套路，不可陷太深 /159
老师，我不喜欢紫藤萝花 /163
喜欢或不喜欢，课文都要教 /166
咬文嚼字岂可废 /169
语文教学：岂会立竿见影 /173
语文教学的"干货"在哪里 /177
语文教学：不要"借助PPT而一顿胡扯" /182
语文教学：怎能让理性缺席 /185
阅读教学不是做"证明"题 /190
戏说经典当休矣 /197
"语文味"是什么味 /201
作品形式不容忽视 /205
不要让学生把知道的内容大张旗鼓地再说一遍 /208
装神弄鬼何时休 /211
多一些"各人各读法" /215
不妨"听听"自己的课 /219

第一辑　阅读教学之解读：
　　　　　语文素养发展的应然追求

第一辑

教学解读：将"作品"转化为"课文"

李海林先生认为，语文教材具有原生价值与教学价值的双重属性。他说："语文教材是由相互之间在内容上没有必然联系的若干篇文章组成的。这些文章，原本并不是作为教材而编写的，而是作为一种社会阅读客体存在的。它们原本作为社会阅读客体而存在的价值，可称之为'原生价值'。……但是，这些文章一旦进入语文教材，它们的价值就发生了增值和变化。它们保留了原本所有的传播信息的价值，同时又增加了一种新的价值，即'如何传播信息的信息'，这种'如何传播信息的信息'即我们所谓的'教学价值'。"

因而，语文教学不能仅仅满足于对文章原生价值的阐释，更应该在此基础上充分挖掘其中隐含的教学价值——教学生学习文章传递信息的方法、策略，让学生明白文章是如何讲的，进而实现将文本原生价值转化为教学价值。

一、文本的原生价值，既有作者的原意，也有读者的二度创作

说起文本的原生价值，常有人狭隘地理解为作者的创作"本意"。其实，原生价值不仅包括作者的创作本意，还包括读者在阅读过程中的二度创作。这就使得文本的原生价值，具有多种解读的可能。

以前有一个被人热议的现象，说某位作家的作品，被用在语文考试中，结果发现试卷中的一些题目"自己也不会解答"，甚至主题往往不是自己当

初所想的。这种现象曾引起一片哗然，很多人以此为据，谴责中高考试题出得怪异。其实，分清了文本的原生价值与教学价值是有所不同的，就不难理解上述现象了。安伯托·艾柯说："一切阅读都是误读。"读者的解读，与作者的创作原意也许相同相近，也许交叉，也许背道而驰。作家的作品，一旦问世，其意义往往由作者、文本和读者来共同完成，有时"作者未必然，读者未必不然"。

所以，语文教师教学时如果费尽心思想追索作者的原意，往往是徒劳无益，几乎是不可能的。因为唯一有说服力的就是作者本人所说，作者为自己的文章留下了一些明确的表示。尽管这样，有些作者把自己的创作意图公之于众，也不能阻挡读者有自己的再创造，不能左右读者的阅读思路，不能保证所有读者与作者的初衷完全叠合。鲁迅先生在讲授他的《中国小说史略》时说："《红楼梦》是中国许多人所知道，至少，是知道这名目的书。谁是作者和续者姑且勿论，单是命意，就因读者的眼光而有种种：经学家看见《易》，道学家看见淫，才子看见缠绵，革命家看见排满，流言家看见宫闱秘事……"那么多的"看见"中，哪一个是曹雪芹本人的创作初衷呢？恐怕除了曹雪芹本人，其他解读都是读者的建构了。

王国维《人间词话》中的"三境界说"是典型的例子：

古今之成大事业、大学问者，罔不经过三种之境界："昨夜西风凋碧树。独上高楼，望尽天涯路。"此第一境界也。"衣带渐宽终不悔，为伊消得人憔悴。"此第二境界也。"众里寻他千百度，蓦然回首，那人却在，灯火阑珊处。"此第三境界也。

这三处引用诗词，分别指立志、刻苦奋斗、水到渠成达成目标，自然都不是本义，任何一个对古典文学稍微有所了解的人都不至于由此认定原词的意思就是这样。王国维自己也承认"然遽以此意解释诸词，恐为晏、欧诸公所不许也"。但是，这一引用新奇有趣，传达出了深刻的人生哲理，也得到了广泛的认可。真是"今人不见古时月，今月曾经照古人"。正因为阅读的过程实际上都是再创作的过程，这种创造如果能够贴切地用于当前生活,又不至于引起他人对古诗词的误解,就有其价值。换言之,在文本解读上胶柱鼓瑟并不可取。

如"所谓伊人,在水一方",起初人们把其中的"伊人"认定为情人、恋人,诗歌表现了抒情主人公对美好爱情的执著追求和追求不得的惆怅心情。然而在后人的解读中,早已不再局限于"爱情"主题,而是生发出更有价值意义、更令人共鸣的东西:"在水一方"——"可望难即"这一具有普遍意义的艺术意境。由于诗中的"伊人"没有具体所指,而河水的意义又在于阻隔,所以凡世间一切因受阻而难以达到的种种追求,都可以在这里发生同构共振和同情共鸣。类似的还有"春蚕到死丝方尽,蜡炬成灰泪始干""沉舟侧畔千帆过,病树前头万木春""春色满园关不住,一枝红杏出墙来"等。

从这个意义上说,阅读教学中,师生在理解文本的意义上,应当贯通古今,尽力探求本义,在具体的应用上则不需要太过于执著本义,苦心孤诣地思索作者"原意",而应该以语言文字为支点,灵活生发,古为今用,让文本摇曳生姿、常读常新。否则,纵然皓首穷经,焚膏继晷,也无法曲尽其妙。

比如,莫怀戚在《〈散步〉的写作契机》中说了自己的创作动机和想表达的宗旨:

这篇文章写作的契机,现在回想,应该是两个。

第一个就是一次全家三辈四口人的散步,的确如文中所说:初春,南方的原野,哄了一阵才将母亲带上路……当时我儿子正上幼儿园,他叫"前面也是妈妈和儿子,后面也是妈妈和儿子"也是真的。但是当时我们的笑,是为小家伙的出语机灵而兴奋,像所有年轻的父母一样,以为自己的孩子是天才,或者至少也有过人之处——你看他小小年纪便懂得归纳,将来岂不是个哲学家?

第二个契机则较有理性色彩。我与来西南政法学院进修中国民事诉讼法的美国汉学家柯尔特先生相熟后,常就中西文化的异同进行浅层次交谈。出我意料的是他对中国文化中的"孝悌"的看法——他将其拆开,反对

"悌"（他说弟弟没有必要高看兄长），而对"孝"，却大加赞赏，说中国人的敬老爱幼，是"文化的精髓"，又说英国哲学家培根说过，"哺育子女是动物也有的本能，赡养父母才是人类的文化之举"，这个，全世界数中国人做得最好，云云。他还同我一起看过中央电视台举办的春节联欢晚会，说这种"由政府出面召集，全国像一家人在过年的事，在美国是不可想像的"。

  虽然作者有此一说，但不影响读者们因生活经验、阅读能力而产生的种种解读。在实际教学中，我们发现关于《散步》的主旨解读，有关于"孝"的，有关于"生命"思考的，有关于"中年人的责任与使命"的，有关于"亲情"的，有关于"尊老爱幼"的，等等。师生之所以有话可说，是因为文本中存在着多种解释的可能，教学中要做的不是自我封闭，或者将某种说法定于一尊，而是要努力形成一种对话的氛围，通过恰当的话语时机和方式，把问题说清楚。

二、发掘文本的教学价值，实现"作品"到"课文"的转换

  鲁迅在《我怎么做起小说来》中说："自然，做起小说来，总不免自己有些主见的。例如，说到'为什么'做小说罢，我仍抱着十多年前的'启蒙主义'，以为必须是'为人生'。而且要改良这人生。……所以我的取材，多采自病态社会的不幸的人们中，意思是揭出病苦，引起疗救的注意。"他又在《〈呐喊〉自序》中说："凡是愚弱的国民，即使体格如何健全，如何茁壮，也只能做毫无意义的示众的材料和看客，病死多少是不必以为不幸的。所以我们的第一要著，是在改变他们的精神。"他在谈到《阿Q正传》的成因时，说他要"写出一个现代的我们国人的魂灵来"。他又说："我虽然竭力想摸索人们的魂灵，但时时总自憾有些隔膜。在将来，围在高墙里面的一切人众，该会自己觉醒，走出，都来开口的罢，而现在还少见，所以我也只依了自己的觉察，孤寂地姑且将这些写出，作为在我的眼里所经过的中国的人生。"

鲁迅先生的这番自我表述，道出了他写小说的意图。由此观之，作家（作者）创作一篇文章，其原生价值或为了让人获取信息，或为了让人怡情养性，或为了抒发某种情感、表达某种观点，极少是为了直接用来教学的，也就是创作目的是为了"做教科书"的（据我有限的了解，除朱自清的《春》属于此类外，未有所闻）。正如鲁迅先生在谈及《红楼梦》时所说这么多的"看见"，是否都适合用来"教学"？当然是不现实的。这就需要从文本的原生价值中，发掘教学价值，使之发挥教学作用。这个过程，就是文本的教学解读的过程。

比如，王荣生教授把文本分为"定篇""样本""用件""例文"四类。他所说的"定篇"，也就是"经典"文本，则侧重于"人文性"，而不是"工具性"：

当"定篇"教的课文，是文学、文化的经典，或素有定评的名家名篇，比如鲁迅的作品、语文教科书中的古诗文。学生学习这些课文的主要任务，就是熟知经典，透彻地领会课文本身，从而积淀为文学、文化的素养。换言之，学生的学习任务，是深入地理解、感受这些经典名篇，理解和感受它们何以是经典，理解和感受它们超越时代的思想、情感和杰出的艺术表现力。"定篇"的教学，离不开读与背，但不能止于读与背。关键是要真切地领会，切身地理解它历经淘沙的魅力，乃至伟大。

一般说，经典作品明显高于学生的语文经验，包括他们的生活经验和思想水平，要使学生真切领会，往往要借助于外力。外力包括创设易于理解和感受的情境（有时要借助于多种媒介），提供对理解和感受有促进作用的权威的解读资料，提供构成互文的相关作品，以及语文教师在切身感受和较充分参考研究资料基础上的讲解。

王荣生教授的想法，其实与朱自清先生的观点相一致。朱自清先生在《经典常谈》中说："在中等以上的教育里，经典训练应该是一个必要的项目。经典训练的价值不在实用，而在文化。有一位外国教授说过，阅读经典的用处，就在教人见识经典一番。这是很明达的议论。再说做一个有相当教育的国民,至少对于本国的经典,也有接触的义务。"也就是说,像经典文本的教学,大致可以不必执著于"训练",重点在于"文化",在于"教人见识经典一番",说侧重于原生价值也不为过。当然,如果让学生既能读出原生价值,又能触摸教学价值,则皆大欢喜。如《孔乙己》等,不仅让学生读到"一般社会对于苦人的凉薄",又能从中咀嚼出"排""摸""走""笑"等细节的教学价值,那么,对于学生的语文学习则是善莫大焉。

可惜,这样的完美的经典作品毕竟难得。一般情况下,只能采取有所侧重的原则。文本的原生价值包罗万象,见仁见智,我们用来教学,要像2011年版新课标中指出的那样:"义务教育阶段的语文课程,应使学生初步学会运用祖国语言文字进行交流沟通,吸收古今中外优秀文化,提高思想文化修养,促进自身精神成长。工具性与人文性的统一,是语文课程的基本特点。"我狭隘理解,文本的原生价值侧重于"人文性",而文本的教学价值则侧重于"工具性"。

请注意,我这里所说的是"侧重",而不是"非此即彼"。

比如,有人说《水浒传》不适合学生读。不可否认,其原生价值中有许多东西,的确已经不合时宜。不单是《水浒传》,任何一个文本,都有其良莠不齐、泥沙俱下的内容,要说"不适合"学生,如果睁大眼睛去挑剔一下,估计就不会有合适的书了。这就需要进行文本的教学解读,取其精华去其糟粕,从中选择合适的"精华"内容,让学生有明确的目标去读。毋庸置疑,读《水浒传》,一定会读到打打杀杀、报仇雪恨之类的"糟粕",那当然是不合适学生了。我们应该鼓励学生读什么?一是读到一些英雄情结,尤其是那种路见不平一声吼的气概。二是从语用的角度,去关注小说中的人物描写、情节设置等,如《水浒传》中武松打虎波澜起伏的故事情节、鲁提辖拳打镇关西的动作描写等,也就是说,如果从学习语文的角度来看,语用是第一重要的,因而我们不妨引导学生多关注小说中的"语言形式"。金圣叹在《读第五才子书法》中说:"吾最恨人家子弟,凡遇读书,都不理会文字,只记得若干事迹,便算读过一部书了。"王尚文先生说:"'理会文字',我以为就是关注语文品质,品味作品如何遣词造句、谋篇布局,也就是弄懂弄通其字法、句法、章法。字、句、章相关相连,字法、句法是基础，但也离不开章法，而章法也要靠字句体现出来。"

当"作品"转化为"课文"的时候，文本便具有了教学价值。语文老师需要做好从文本的原生价值中遴选出合适的内容发掘教学价值的转换工作。这样，"用教材教"而不是"教教材"，才有可能落到实处。此所谓文本的"教学解读"。

第一辑 语文课导入"三忌"

精彩的导入犹如一把金钥匙，为学生打开一扇充满魅力的语文课堂，引领学生漫步语文课堂而奏响序曲。可以这样说，没有一位老师不注重课堂教学的这个前奏。但在课堂教学中，我们要避免把课堂导入带入形式主义的窠臼中。以下三点值得注意。

一、忌时间过长

一位老师在教学梁衡的《夏》时，既有对描写四季的古诗词之回顾，又有对刚刚过去的夏天所发表的感受，总共耗时 10 分钟，明显挤占了新授语篇的教学时间。类似的现象，在教学实践中并不少见。一位老师教学《爱莲说》，集中播放的图片就有 20 多张，一张张地点击过去，用 6 分钟时间多角度展示并请学生解说"莲"的姿态。《爱莲说》并非要介绍莲花的外形如何美丽，而是借赞美莲来歌颂君子的坚贞气节，教者用 6 分钟时间来导入就显得喧宾夺主。一位老师教学《最后一课》，导入分为三部分内容：背景介绍（2 分钟），作者简介（2 分钟），小说文体简介（3 分钟）。一节课才 45 分钟，导入就用时达 7 分钟之多。老师浮光掠影地宣读这些空洞乏味的知识、概念，非但不能给学生留下什么印象，还把学生的学习兴趣给消解了，错过了学生进入学习状态的最佳时机，淡化了教学重点，教学时间分布头重脚轻。

我认为，导入过程一般不宜超过 5 分钟，一旦学生的学习兴趣被激发出来，情绪情感被撩拨起来，就要抓住火候进入正题。一位老师这样设计《最后一课》的导入，反而简洁明了："今天，我们学习19世纪法国著名小说家都德的优秀短篇小说——《最后一课》（板书题目）。这篇小说一直被人们誉为世界文学宝库里的一颗璀璨的明珠。为什么一篇不足三千字的小说，会产生如此的艺术魅力呢？"

如果没有合宜的导入语，我想，"今天我们学习《×××》"，也许是最佳选择。比如黄厚江老师的经典课《我们家的男子汉》的导入语是："今天我们一起来学习《我们家的男子汉》这篇课文。"《孔乙己》的导入语："今天我们一起学习鲁迅先生的小说《孔乙己》。（板书课题、作者）鲁迅先生说过：要极省俭地画出一个人物的特点，最好是画他的眼睛。同学们读过《孔乙己》这篇文章后，有没有发现对孔乙己眼睛的描写？"

导入语的一个重要的作用是"情境创设"，"未成曲调先有情"，这当然是好事，也是很多老师追求的境界。但有些公开课上执教者在导入时播放录像、图片、音乐，左导右导，东拉西扯，自顾自地卖关子，就是不肯进入正题，令人厌烦。还有的不管什么文章，开始时总要朗诵一段长长的排比句抒情，情感泛滥，娇柔作态令人浑身鸡皮疙瘩。一位老师上课时，正抒情地导入："啊，奔腾磅礴的长江，你不分昼夜，向东而去……"不巧的是，这个关键时刻忽然停电了。好在一阵手忙脚乱之后解决了电源问题。于是，这位老师又重新开始了导入："啊，奔腾磅礴的长江，你不分昼夜，向东而去……"面对如此的"精心"导入，学生好不容易酝酿起来的那点情感又被老师折腾没了。

让我们来看看李镇西老师描述他教学《孔乙己》时随机导入的情形：

我提前几分钟来到后台准备上课，这时前面一堂课还没有结束，那位老师讲的是闻一多的《最后一次讲演》，他讲得慷慨激昂。我突然受到启发：一会儿我的课有切入点了。

几分钟后，该我上课了。我走到舞台前面，说："今天，我和同学们一起在这影剧院的舞台上上课，这'教室'真还有点特殊。我们真成了在演戏了。"

台上的同学和老师都笑了。

"不过，这个布置让我感到了一种寓意，"我继续说，"那就是今天的课应该以学生为主体。你们看，同学们不是坐在舞台的中央吗？而李老师则在舞台的一边。这显然是意味着应该突出你们的作用。也就是说，你们今天千万不要只是听李老师上课，而应该是在李老师的协助下自己学习这篇课文。李老师第一次和你们见面，我先说一下我上课的特点。我上课喜欢同学提问或发表自己独立的见解。在我看来，凡是能够提出问题或和其他同学甚至和老师不同的观点的学生，是最好的学生。同学们把问题提出来以后，李老师先不作解答，而请其他能够解答的同学来解答，如果没有同学能解答，我们就一起来讨论研究。也就是说，面对课文，同学们应该和老师以及作者平等对话。总之，今天这堂课，不在于老师给你们讲了多少，而在于你们自己通过自己的阅读、思考对课文'悟'出了多少。好，现在我们就来学习《孔乙己》这篇小说。"

课堂导入虽说可以有精心的预设，但不能过于刻板，要有不曾预约的生成，课堂才会有灵动与生机。

二、忌主题先行

主题先行是指学生在阅读文本之前，头脑中先有了关于文本的内容、形式方面的理性认识，这种理性认识不是自己在阅读中亲身体验感受归结出来的，而是从别的途径获得的。老师在导入语中告诉学生文章讲了什么，包括人物的主要性格特征、文章的主旨，学生的原初体验、学习兴趣就被遮蔽了，取而代之的是把自己的大脑变成别人思想的跑马场。一位老师教学《七颗钻石》时，首先讲述了一个关于爱心的故事，然后导入："今天我们来学习一篇关于爱心的童话故事。"一位老师教学《皇帝的新装》时导入语是："本文根据西班牙一则民间故事改编，描述'新装'的似有实无，以嘲弄皇帝的愚蠢可笑，贵族阶层的阿谀逢迎和虚伪透顶。揭露的锋芒直指封建统治阶级的头子，深刻地解剖了当时社会的病状。下面请看课文。"姑且不论文本解读是否正确，老师将自己的理解（大多是教参上的说法）横亘在学生面前，那么学生对文本的解读就已经被老师先入为主的"定论"锁定了方向，钳制了学生的思维，淡化了学生对未知领域的探究欲望。

相比之下，另一位老师教学《落落的微笑》时，以问题的形式引导学生走进文本，就是比较合理的设计："有这样一个孩子，在大年三十的清晨被亲生父母扔到了雪地里；有这样一个孩子，一出生就患有唇腭裂。这个孩子有个有趣的名字叫'落落'。落落本是不幸的，可他最终却对生活露出了灿烂的微笑。在落落的身上到底发生了怎样的故事？就让我们一起走进课文《落落的微笑》。"一句"落落的身上到底发生了怎样的故事"，就激发起学生走进文本、阅读文本、探究问题的欲望。

老师正确地解读文本还能勉强说得过去，如果教师的解读本身就有问题，则会带来严重的后果。一位老师教学《皇帝的新装》时这样导入："同学们，你们爱穿新衣服吗？爱美是人的天性，这本无可厚非，但一个人如果穿得太出格，不掌握分寸，出尽风头，必将适得其反，闹出笑话。今天我们来学习一篇丹麦著名童话作家安徒生写的《皇帝的新装》。"把《皇帝的新装》的主题理解为"一个人如果穿得太出格，不掌握分寸，出尽风头，必将适得其反，闹出笑话"，实在是误读文本，本身就是一个"笑话"。

我认为，阅读教学要基于学生阅读的原初体验，也就是未受教参、老师讲解干扰的前提下亲近文本的体会、感悟和疑惑，这才是教师设计教学的起点。导入要让学生的思维在与文本的对话中产生智慧的火花，消除先入为主或思维定势的干扰，把学生的注意力迅速集中起来，饶有兴趣地投入到新的学习情境中去，提高学习效率。

三、忌游离文本

自某名师上课前喜欢带领学生"练气功"后，不少老师上课前喜欢来点调动气氛的活动，比如绕口令、猜谜语、讲笑话等等。借用班级上课，以这种方式来快速消除师生之间的陌生感，营造和谐的学习氛围，有一定的作用。但这些活动最好能与本文学习有关，一旦运用不当就会分散学生的注意，偏离教学内容，反而要花更长的时间拉回学生的思维，得不偿失。日常上课的时候，我跟很多老师一样曾探索过"三分钟演讲"，每天让学生在正式上新课前用三分钟时间或诗词讲解，或趣闻描述，或美文分享，后来冷静地想想，这样的做法虽然有不少好处，但毕竟要占用课堂教学时间，有时甚至会破坏课堂教学的整体效果，权衡之后，我发现弊大于利，便取消了这一做法，而是改为每周集中于一节课专门来呈现，效果要好得多。

　　有的导入貌似与文本学习有关，实则无关要旨。一位老师导入《幽径悲剧》时，讲述了季羡林先生为北大新生看包的故事，并得出"从这个小故事中我们看到了一个大学者令人钦佩的人格魅力"，与本文学习并无太多联系。现在不少老师上课时，几乎形成"模式"：导入新课，初读感知，精读品析，拓展延伸。这样的教学设计板块分明，但是彼此之间缺少联系，完成一个板块就扔到一边，一节课中就再也用不着了。尤其是导入语用完之后就打入冷宫更是常见，似乎它的作用已经完成，致使课堂教学的整体性、连贯性大打折扣。有的语文课学生明明已经知道这节课要学习哪一篇文章，还要故弄玄虚，就显得弄巧成拙。一位老师教学《石榴》前，课件上已经打出了文章的标题，还煞有介事地导入："同学们，上课前我们先来猜一个谜语：黄皮包着红珍珠，颗颗珍珠有骨头，不能穿来不能戴，甜滋滋来酸溜溜。——打一水果（石榴）。"有的导入则是误导学生："提到石榴，我们大多数人都只是熟悉它的果实，但对它的其他部分则了解不多。今天就让我们跟随郭沫若先生，来全方位地认识石榴这种植物。"教学《国宝大熊猫》时这样导入："今天就让我们在作家叶永烈的引领下，去发现关于大熊猫的更多奥秘吧！"听到类似的导入语，你会以为上的是生物课，而不是语文课。语文课不是认知了解"石榴"这种植物和"熊猫"这种动物，而是学习作者是"如何写"这一动植物的。一位老师教学《七颗钻石》的导入语是："今天呢，老师先讲一个故事，一个真实的故事：一女孩为救丹顶鹤，走过这片芦苇坡，滑入沼泽地。（播放视频《丹顶鹤》）同学们听了这个催人泪下的故事后，你有什么感触呢？你要学习她的什么呢？（学习她的环保意识、爱心）她用生命保护了丹顶鹤。今天我们来学习《七颗钻石》。"《丹顶鹤》的故事、歌词、主题，与《七颗钻石》毫不相干，但老师生拉硬扯到这节课上，显得牵强附会。

余映潮老师在这方面可谓高手，他的课堂导入总是紧扣语文学习的方法指引。他的《故乡》是这样导入的："今天，我们学习《故乡》。我们的课叫学读课。什么叫学读课呢？就是学习阅读的方法，通过一课的学习，掌握一种方法。"他的《马说》的导入则是："这节课学习《马说》。《马说》的学习要求是四个字（大屏幕显示）：诵读，积累。"他教学《鹤群翔空》："咱们今天上的是《鹤群翔空》。这是一篇很美的散文，也是一个含义深刻的故事。今天我们学习一种自读的方法——三句话自读法（大屏幕显示）：第一句话，速读课文，扩写一个句子。第二句话，寻读课文，续写一个句子。第三句话，细读课文，创造一个句子。"

我在教学《安恩和奶牛》时，导入环节省却了繁文缛节，直接说"我们来检查一下预习情况"，听写了几个课文中的词语。然后切入文本，让学生用刚才听写的几个词语组成一句话或几句话，复述故事的内容。这样的导入与课堂教学结构自然衔接起来，就非常巧妙。

精要、合理、巧妙的导入环节，应能激发学习欲望，明确学习目标，沟通知识之间的联系，让学生从心理和知识上为进入最佳学习状态做准备，并为课堂教学的顺利展开创造有利条件。

第一辑　语文教学中情境创设的误区及对策

语文课堂教学中创设良好的情境，能快速吸引学生进入相应的学习氛围中，激发起学生阅读文本、探究问题、乐于表达的兴趣。但是在实际教学中，有些情境的创设未必是合适的，需要审慎运用。

一、情境：不要轻易考验人性

课堂教学中，很多老师善于让学生"设身处地"地在某一情境中"谈谈自己的想法或做法"：

《假如给我三天光明》：假如你不幸成了盲人，这三天你如何安排？

《诺曼底号遇难记》：假设你是哈尔威船长，你是选择逃生还是与船共存亡？

《囚绿记》：假如你是陆蠡，就义前又看到这株常春藤，会对这株常春藤说些什么？

……

上述案例，我猜想，教者大概是为了"帮助学生理解文本""让学生联系自身实际畅谈感受""丰富教学资源"等设计的教学环节。很多老师在这方面舍得花时间花精力，让学生"说一说""议一议""写一写"。学生回答中也不乏一些想象力强、文字优美、富有感染力者，加之老师"只要开口就一个劲儿地喊好"，课堂上的气氛随之活跃很多。观课者也不吝奉上"有亮点""立足而又超越文本、课堂""注重情感态度与价值观的培养"等溢美之词。

　　但我们冷静地分析一下上述案例就会发现，"超越"是有了，"立足文本"却不知不觉地被道德说教驱逐、消解、淡化，文本的学习被悬置、放逐，取而代之的是滔滔不绝的神侃与天马行空的乱谈空谈笑谈。

　　第一位老师的课堂上，让一个没有任何体验的双目健全的学生去谈三天的安排，学生说："如果我不幸成了盲人，我将用这三天的时间来好好玩一下啊，能到哪里就到哪里。"有的学生哄堂大笑，有的学生鼓掌应和，完全冲淡了引人深思的氛围。

　　第二位老师的课堂上，让从未经历过生死攸关备受心灵拷问而需要做出艰难抉择的学生去假想自己就是哈尔威船长，学生只能以一种事不关己的旁观心理发一些无需验证的高调宏愿，其实与文本学习并无多少瓜葛。当一位学生说"我先撤，人不为己天诛地灭"时，有几位学生立即表示赞同，而老师却不知所措，听之任之。

　　第三位老师的课堂上，请学生设想，假如自己是陆蠡，就义前又看到那株常春藤，会说什么。有学生表示"再也不把常春藤搬进屋里了，懂得了人与自然必须和谐相处的道理"，这本是学生对文本的"误读"，教者竟然用一句"有独特见解"表示认可。《囚绿记》中的常春藤本来就具有象征意义，一旦坐实为"呵护常春藤""人与自然和谐相处"，便是误导学生套用格式化语言高唱"热爱绿色""热爱生命"之类的陈词滥调。

　　这样的教学情境，已经把文本的语文教学价值抛到九霄云外了。退一万步讲，即使学生能够把自己"放在当时的情境下"，所说的话有多少可信？

　　有一节思想品德课，我时常记忆犹新。课堂上师生谈到了一个话题——"要爱护环境，我们该怎么做"，好几位学生振振有词地说道："从今天开始，我不使用一次性筷子，不使用泡沫饭盒。"一转眼到了吃饭时间，我发现，刚才在课堂上还慷慨陈词的学生们，似乎已经忘记了几分钟前的豪言壮语，照样拿着一次性筷子，端着泡沫饭盒津津有味地吃着。这当然不能怪学生，学校食堂就提供这样的餐具，你能让学生空着肚子讲道德？关键是，这样的情境，简直就是教唆学生说假话，逼学生形成双面人格。

上述老师所设置的与其说是一个个情境，不如说是一个个"伪问题"，老师站在道德制高点俯瞰别人、考验人性，令学生要么无法作答，要么迎合老师说言不由衷、永远正确的废话。即使是为了达成"情感态度与价值观"的目标，也不宜用这种不道德的方式来考验人性。人生中的很多事，未曾经历过，说出来的话往往只是旁观者角度略作隔靴搔痒的假想与感叹而已。

二、情境：不要过度包装课堂

听一节写作教学公开课，教师在学生自由写作阶段，播放了一段悠扬的音乐。据教者自己解释，是为了创设一个"促进学生思维"的氛围。于是，在悦耳的音乐中，学生开始写作。"伴奏写作"是不是有科学依据我不得而知，但据我个人的感受，有时写作是不能有任何干扰的，播放音乐反而会分散注意力。我也了解到，不少学生在家里会塞个耳机边听音乐边做作业，但是效果往往不见得好。因而，这位老师的情境设置是否能达成目标是大有可疑的。

类似的以声像来帮助学生理解文章的情境创设，并不鲜见。如教学《紫藤萝瀑布》就一张接着一张点击美艳图片，教学《鲁提辖拳打镇关西》就播放一段打斗视频……我不敢说毫无作用，但据我所知，很多专家学者早已指出"适得其反"（比如，语文教学尤其反对以看电视来代替名著阅读）。从本质上说，借助图片、声像的阅读是低幼水平的，导致学生对文字的敏感力的衰退和想象的空间逐渐逼仄。在快餐化阅读、浅阅读大行其道，对学生的语文学习造成一种诱导与干扰的背景下，语文教师更应该理性引导学生亲近、浸润语言文字，而不是过分地依赖文本以外的东西去催化和辅助阅读，也不能被文字以外炫目的包装所迷惑而乱了方寸。

适度演绎文学类文本的"剧情"，是语文教学中情境创设的一个重要方法。但有的老师过度表演，以"教案剧"的展演为主要手段，试图制造出一节课的"亮点"，重活动形式，忽视了语文味，就是画蛇添足，"为情境而创设情境"。

某次公开课前，一位后台人员在讲台上为教者送来厚厚的一叠纸巾，我非常纳闷。等到课上到一个阶段后才发现，教者设计了这样一个流程——"教师声泪俱下讲故事"（联系自己的经历，给学生讲外婆的故事）。我恍然大悟，原来教者是有备而来，那一沓纸巾是用来在课堂上表演擦眼泪的。客观地讲，教者所叙述的故事还是挺感人的，但联系到教者课前准备纸巾的"剧透情节"，我备感不是滋味，这分明就是表演一出戏嘛。过度包装会失真，让人觉得"太像表演"了，有些语言甚至会让人一身鸡皮疙瘩。纵然有些表演是必要的，也不要忘记这是语文活动。

有人曾刻薄地说，现在的语文课有两种：一是"太像语文课"，语文老师不自然亲切，喜欢像孔乙己一样舍不得扔掉那破旧的长衫，极其做作地"端着架子"在上课，导致语文老师高高在上，学生则匍匐在地，虔诚地死记硬背；二是"太不像语文课"，即所谓的"种了别人的田荒了自家的地"，把语文课上成思想品德、历史、地理、生物课，就是不见语文学科的特点。

一位老师教学《斜塔上的实验》，带着学生到学校的楼顶进行"两个铁球落地"的实验。且不说这个故事的真实性在科学界备受质疑，也不说这位老师在课前所进行的种种准备，更不说这个实验能否与课本上所描述的一样"成功"，单是在语文课上来进行这种试验，我认为就是不该的。

若干年前，曾有一位著名特级教师教学《周总理，你在哪里》时，创设了一个情境，把教室布置成灵堂，据说取得令人震撼的效果。这个特例很多人赞不绝口。但是，据我有限的了解，此举也是前无古人、后无来者的绝唱。为什么？我想，除了因为当下老师没有这位特级教师的胆略和高明外，还因为现在的学生无法真正理解那种情境那个时代下的人们对一代伟人的情感。我和很多老师都遇到过这样的情景：要求学生朗诵这首诗时，学生不仅不肃穆、庄严，反而因为其中蘸满浓情、深情的呼唤咯咯嬉笑，恶劣地破坏了诗歌的意境和情感。感情不是硬性强加和附着的，需要借助语言文字来熏陶浸染，需要站立在文本存在的特定时空中才能感同身受，否则，即使老师口干舌燥，强制学生要"带着感情朗读"，也只是语文老师的自作多情罢了。

这些把课堂当作舞台的老师，情境创设都非常用心，但"为了情境而创设情境"则适得其反。吴非老师说:"因为有利益驱动,一些教师把公开课当成舞台,表演成性,眼中没有'教学',也常有'专家'参与'编导',高声吆喝拉场子。曾有教师在'排练'时,试探性地提出,在她朗诵课文时,台上能否有一束光跟随她移动。这些'表演课'常常被一些名为专家实为外行的评委当作好课推荐,这就把大批教师害苦了,原本可以正常地教学的,可是'秀课'标准让他们丧失自我,课上一定要来点花样,一定要'展示才艺',而文本学习本身,学生的阅读和思考培养,对不起,忘了。"

"清水出芙蓉,天然去雕饰"。语文课,有时不妨"素"一点,文本素读,课堂素净,语言素朴。语文教学无非就是带着学生经由语言文字而抵达作者心灵、进入文本深处去体悟文字中所蕴含的思想情感。张秋玲教授指出:"中小学生学习语文重在两个方面:一是学习他人如何运用语言表达思想与观点;二是学会用个性化的言语表达自己的情感与思想。设计教学活动时必须围绕这两个方面的其中一个进行设计,终极目的就是指向学生语言运用能力的提升和思维品质的发展。"创设情境,不能肤浅地理解为,就是点击几幅图片,插播几首乐曲,讲述几个故事,表演几个节目。偏离了目标的情境创设,与教育南辕北辙。

用学生并不具备的生活情境让学生去体验,忽略学生的实际,置学生的真实感受于不顾,根本无法贴近学生的内心。即使有个别学生在课堂上"动情表达",其言辞中的情感也是从别处嫁接而来的,给人的感觉是虚假、苍白、无力。换句话说,学生即使不学习这篇文章,老师即使不创设这个情境,学生也一样会说出这番话的。

三、情境:不能成为学生阅读的障碍

听课时,我经常会看到一种现象:执教老师在教学一篇文章之前,借声情并茂的开场白、导入语,把文本内容和表达主题向学生秋波暗送,这种除了傻子,谁都听得出来的情境创设,就像皇帝的新装,自欺欺人罢了。

语文教学中的情境创设,为了促进学生走进文本世界,与文本对话,形成自己的思考。但我们也发现,不少情境却制约了学生对文本的阅读与解读。一位教师教学《白杨礼赞》时提了这样一个问题：如果你是树，你会选择做白杨树还是"楠木"？我们当然知道，教者的目的是要学生义不容辞地选择"白杨树"，然后再来一番动人的演讲。可是，这样的选择，就像我们在试卷上常看到的考题——"句中加点的词语能否换掉""文章的结尾能否删掉"一样，多么弱智。文章表达一种象征意义，赞美白杨树，学生在道德上是别无选择的，假如学生选择别的树，无疑是将自己置于非议之中，谁敢？如此情境创设，其实已经沦为教师答案的先行暗示，反而会成为学生思维的窠臼，导致阅读质量大打折扣，说得难听点就是"请君入瓮"。"如果在学生阅读文本之前，教师就以权威性的身份给这篇课文的理解定下了调子，那么，教学双方就失去了平等性，接下来的对话几近于诱导，学生个性化的思想会被悄悄地束缚住。"〔蔡可：《义务教育课程标准（2011年版）案例式解读（初中语文）》〕

有的情境创设，罔顾学生生活体验，成为学生阅读的障碍，使得问题讨论沦为言不由衷的表态。

在教学鲁迅的《雪》时，一位老师问：同学们，你喜欢朔方的雪还是南方的雪？这样的问题其实就是一个伪问题，南方的学生大多并不了解北方的雪，而北方的学生则对南方的雪也只是"听说而已"，如何来说"喜欢"与"不喜欢"？即使曾有机会到异地旅游过的人，最多是初知皮毛，不会有太多真真切切的感受。就拿我自己来说，从未到过祖国的东北三省，也未曾亲眼所见北方的雪是什么模样，面对这个问题，难以说出个子丑寅卯来。更何况，身临其境，还有"不识庐山真面目，只缘身在此山中"的审美感受呢。比如，外地游客来到三峡，惊叹于大自然的鬼斧神工，而祖祖辈辈生活在这里的当地人，靠挣命拉纤维持生计，二者对于三峡的感受肯定是天壤之别。而文人墨客们流连于此，也会心境不同而感触相异，李白发出的是"轻舟已过万重山"的畅快，郦道元感受到的却是"巴东三峡巫峡长，猿鸣三声泪沾裳"的凄凉。老师之所以设计这样的问题，其实目的是要引出下面一个环节——"你说我说他说"，从而营造"讨论热烈""观点碰撞"的"对话氛围"。我想，如果老师一定要创设情境的话，可以把问题改为"你喜欢作者笔下的朔方的雪，还是南方的雪"？这样或许会利于学生凭借文字来理解文本中传达的信息与情感，指向"作者笔下"所描绘的"雪"，而不是"雪"这个事物本身。

如果忽略了文本教学的要求，一味地嵌入那些娱人耳目的情境，看似"与文本有关"，实际上早就一脚把文本踹开，拽着学生一路狂奔，思维从文本飞向了虚无缥缈的空中。一些煽情的话语尽管动人，但总觉得矫情、浮躁、虚伪，用韩军先生的话来说就是"伪圣化"。

语文教学中的情境创设，不必端起架子，而要追求真实自然的状态，朝着语文学习的方向而去，要有理性思考的光芒；如果不合适，则宁缺毋滥。

第一辑

品读关键词，探究文本义

叶圣陶在《语文教育二十韵》里曾说："一字未宜忽，语语悟其神"。2011年版新课标中指出，在通读课文的基础上，要"体味和推敲重要词句在语言环境中的意义和作用"。文学作品的内涵往往不是流于空泛、浅表，而是潜藏于字里行间，需要对语言文字深度耕犁。文本中的某些关键词语，正承担着这样的重任，常常是"言近而旨远，辞浅而义深"，在阅读时要保持极高的语言敏感度，潜心涵泳，体会其神韵所在。

一、特殊位置上的词

处于特殊位置上的关键词，其内涵与外延丰富，与课文的解读息息相关，既可以穿针引线、上连下缀，又可以释放内涵、充实解读。

像在文章的开头或结尾或中间过渡的地方出现的一些关键词，在教学时我们就要引导学生多问几个为什么。比如：伏契克的《二六七号牢房》第一句是："从门口到窗户七步，从窗户到门口七步。"这句话中的"七步"为什么来回反复说？朱自清的《绿》第一句是："我第二次到仙岩的时候，我惊诧于梅雨潭的绿了。"为什么写第二次，不写第一次？第一次不是更新鲜吗？那么他第三次、第四次去不是感觉更好了吗？鲁迅的《藤野先生》第一句是："东京也无非是这样。"文章第一句劈头出现个"也"字，一般情况下，文章这样写是不正常的。作者为什么如此不走寻常路？

这些词语所处的位置特殊，常常给人的感觉是"突兀"的，细加推敲，便能理解作者的"别有用心",而不是信手而为。我们可以此为切入口,有意识地引导学生去关注这些"非常"词语,由此进入文本解读,咀嚼玩味,从而对文本蕴藏的深厚意蕴做出"丰沛的阐释"。

教学《沁园春·雪》,我抓住引领全文的词语——上阕中的"望"和下阕中的"惜",重点品析,牵一发而动全身:

1. 品味"望"字

师:作者望见了哪些景观?作者为何选取这些景观?

生:作者望见了长城、黄河、山脉、高原等景观。长城、黄河是中华民族的象征,最能反映北国风貌,而且与千里、万里相照应,叙写地域的辽阔。

师:这个"望"能否换成"看"或"见"?

生:不能。换成"看""见",就不能体现诗人形象的高大伟岸、顶天立地的气概,俗话说,登高才能望远。"看""见"似乎只能看到近距离的景物,不能达至千里万里。

师:既然这样,应该怎样读?

生:要有气吞山河的气势。

生:要有强烈的自豪感。

生:这里用了好几个四字词,要读得铿锵有力。

(生齐读上阕"望"以下部分。)

2. 品味"惜"字

师:哪一个字最能体现作者对这些历史上的英雄人物的情感?

生:"惜"字。

师:这个"惜"包含了作者什么样的情感?

生:我觉得首先是肯定他们是英雄人物,不过是一些有缺点的英雄人物。

生:作者委婉地批评了他们缺少文治、文学才华。

生:还表现了作者和当代英雄人物勇于超越、后来居上的伟大气概。

师:怎么读?

生:语气要深沉些,带有叹息的意味。

……

师：（小结）这首词，上阕用一个"望"字，写北国雪景，纵横千万里，大气磅礴，旷达豪迈；下阕用一个"惜"字转入抒情、议论，气雄万古，风流豪壮。全词将写景、议论、抒情有机结合，浑然一体。

上述教学片段中，师生深入挖掘"望"和"惜"与文本中句段篇之间的内在联系，使这两个词语在文本解读中留下想象空间。

叶圣陶说："审慎的作家写作，往往斟酌又斟酌，修改又修改，一句一字都不肯随便。无非要找到一些语言文字，意义和情味同他的旨趣恰相贴合，使他的作品真能表达他的旨趣。我们固然不能说所有的文艺作品都能做到这样，可是我们可以说，凡是出色的文艺作品，语言文字必然是作者的旨趣的最贴合的符号。"教学时，我们尤其要关注这些力透纸背、含蓄蕴藉、言简意丰、具有独特艺术魅力的语言，让它们焕发出生命活力，让语言的学习活色生香，有滋有味。

二、表示色彩的词

老舍曾经说过："一篇作品须有个情调。情调是悲哀的，或是激壮的，我们的语言就须恰好足以配备这悲哀或激壮。比如说，我们若要传达悲情，我们就须选择些色彩不太强烈的字，声音不太响亮的字，造成稍长的句子，使大家读了，因语调的缓慢，文字的暗淡而感到悲哀。反之，我们若要传达慷慨激昂的情感，我们就须用明快强烈的语言。……语言不可随意抓来就用上，而是经过我们的组织，使它能与思想感情发生骨肉相连的关系。"

语言虽然不能像绘画那样直接以色彩来描绘客观事物，却可以通过对色彩的描述，在读者脑海中唤起逼真清晰的视觉形象，产生对色彩的美感联想，从而增强语言的表达效果。古今中外的作品中，色彩词经过众多文章大家的灵思妙用，大放奇光异彩，产生了许许多多脍炙人口传诵不衰的千古佳句。

色彩，有时就是思想，即运用色彩词确定基调，揭示主旨。高尔基的《童年的朋友》（苏教版七年级下第一课），短短七百多字的文章，就出现了10个"黑"字。比如：

虽然黑黑的，两颊有许多皱纹，但整个面孔仍然显得年轻，明朗。……她从一个镶银的黑色鼻烟壶里嗅烟草。她的衣服全是黑的……
在她没来以前，我仿佛是躲在黑暗中睡觉……

这些"黑"，有面孔之黑，鼻烟壶之黑，生活环境之黑，如此众多的"黑"字出现在一篇短文中，阅读文章时所产生的压抑的心情是可想而知的。《童年》讲述的是高尔基幼年丧父、母亲改嫁，他跟随脾气暴躁、日渐衰落的小工作坊主外祖父母生活的童年时光。我们可以想见作者童年时代所处的社会环境、生活环境都是黑色的，他寄居在外祖父家时，"外祖父家里，弥漫着人与人之间的仇恨之雾；大人都中了仇恨的毒，连小孩也热烈地参加一份"。在这样的家庭里，生活像"铅样沉重"。这些外在的色彩投射进儿时作者的心底，留下的自然是黑色，可以说，高尔基的童年充满了苦难的黑色，因而，作者的文字中，自然会充满黑色。选文浓墨渲染黑色，既是现实的反映，也是为下文写童年的朋友——外祖母而做的对比和反衬。选文中的"黑"字，更多的是描述外祖母，她的面孔，她的鼻烟壶，她的衣服，黑色之深跃然纸上，感情基调是黑色的，不由得不令人心往下沉。古今中外诗词文赋中的黑色往往与凄惨、悲伤、忧愁、恐怖、秘密、隐蔽、冷峻、孤寒、病痛、怀疑、死亡等相关，既影射社会环境，又表现心理的压抑。由此渲染出来的情感色彩其实已经比黑色本身更加浓重。写外祖母的这些黑色，凸显了外祖母承载的繁重劳动和所经历的艰辛生活，以及生活不顺心的情形下的烦恼和不满。生活重压之下的外婆，肯定不会衣着光鲜，粉面桃花。外祖母外表之丑，更加反衬出她对"我"深厚的爱。作者写外祖母的这些黑色，当然不是出于厌恶，而是通过描写外祖母的外貌和动作，以调侃和幽默表现了作者对外祖母的喜爱，这也是外祖母之所以成为"我"的朋友的重要原因。在黑色的外表下，依然可见外祖母的"愉快""快活""年轻""明朗""快乐""温暖""轻快""敏捷""可爱",这些抒发着对外祖母的赞美和喜爱之情的褒义词,让人心头为之敞亮。可以说,没有外祖母的爱,"我"的生活是黑暗的,没有温暖,没有阳光,是外祖母的爱,把"我"从黑暗中带到光明的世界,使"我"的生活从此不再只有黑色,而是色彩斑斓,"我"的精神世界变得更加丰富,"我"具有了战胜生活中一切困难的勇气和信心。

因而,如果师生能在阅读中体会到"黑"与"亮"的反衬,就会对"朋友"一词有不同的感受。可以说,外祖母之所以成为"我"童年的朋友,正是因为黑色中给我带来了光明。所谓"黑夜给了我黑色的眼睛,我却用它来寻找光明"。

有时,色彩就是形象,即借助色彩词展示人物命运和社会现实。色彩词不仅可以刻画景物,突出事物特征,渲染丰富意境,还可以刻画人物形象,把作者对人物的理解和对社会的批判统一起来,起到深化主题的作用。

《故乡》中两段富有色彩的经典画面,令人难忘:

深蓝的天空中挂着一轮金黄的圆月,下面是海边的沙地,都种着一望无际的碧绿的西瓜,其间有一个十一二岁的少年,项带银圈,手捏一柄钢叉,向一匹猹尽力的刺去……

先前的紫色的圆脸,已经变作灰黄,而且加上了很深的皱纹;眼睛也像他父亲一样,周围都肿得通红,这我知道,在海边种地的人,终日吹着海风,大抵是这样的。他头上是一顶破毡帽,身上只一件极薄的棉衣,浑身瑟索着;手里提着一个纸包和一支长烟管,那手也不是我所记得的红活圆实的手,却又粗又笨而且开裂,像是松树皮了。

在前一段的描述中,天空是深蓝的,圆月是金黄的,一望无际的西瓜是碧绿色的,项上带的是银圈,手中捏的是钢叉。鲜明的色彩构成神奇的画面,这画面是美的,充满青春的活力,在一片艳丽柔和的色彩中,一个英俊可爱的少年闰土活现在我们的面前。而在后一段的描述中,闰土的脸是灰黄的,眼睛肿得通红,原先红活圆实的手像松树皮,整个画面是灰色调的，黯淡的，凄凉的。教学中，我们引导学生重点品读这两段画面中不同的色彩文字，使学生感受到，中年闰土和先前的艳丽画面中英俊少年形成强烈的对比，表明了闰土不同的生活状态和精神面貌，揭示了当时社会制度在物质上和精神上给予农民的损害，并且表明了作者自己对农民在精神上所表现出来的麻木所感到的深深焦虑。所有这些，对表现人物形象、深化主题无疑有着非常重要的作用。

文学语言的情感性，蕴含在语言所构成的意象和语言表达的形式之中，主要是通过词语、句式、语调等方面体现出来的。作家们对色彩词有着独特的艺术追求，他们在作品中充分利用色彩词，达到烘托气氛、表露情感、塑造人物形象的效果。色彩词，不仅能使读者感受到优美的形象、新鲜的意境、动人的情趣，还可以为文章刻画人物、揭示主旨服务。

三、"自相矛盾"的词

如同义词：

孔乙己便涨红了脸，额上的青筋条条绽出，争辩道："窃书不能算偷，……窃书！……读书人的事，能算偷么？"（鲁迅《孔乙己》）

"窃"和"偷"是同义词。所不同的只是语体色彩："窃"具书面语色彩、"偷"具口语色彩。这两个词的推敲，揭示了孔乙己故意强调"窃"与"偷"的不同来表示自己读书人的身份，通过品读孔乙己异于常人的"矛盾"，更容易理解孔乙己在封建科举制度影响下性格迂腐、虚荣的特点。丰富的同义词是语言发达的表现，也为准确地表现客观事物的特征，反映事物之间的细微差别，提供了充分的选择空间和余地。因此，发现文学作品中同义词中的"不同"，往往能使人物形象的解读更具张力。

又如反义词：

有的人活着，他已经死了；有的人死了，他还活着。（臧克家《有的人》）

作为全诗的总起，作者用"活"和"死"两个对比鲜明的词语拉出现实生活中的两种人，并就其生命价值做出截然相反的评价。一对相互矛盾的词，怎么能同时出现在同样的人身上呢？原来，是从人的自然生存现状和精神状态写不同的两种人。至于这里的"活"是怎么个活法儿，这里的"死"又是怎样的一种死，并未标明，潜伏着疑问，为诗歌的进一步诵读张本，可谓"蓄势待发"。

反义词语的使用可以对两个事物进行对比，鲜明生动地反映出事物的矛盾，起到对照映衬的作用，增强文章的表现力和说服力，也给人以深刻的印象和启示。

教材中类似的例子还真不少。教学《我的叔叔于勒》时，我们引导学生通过菲利普一家对于勒称谓的自相矛盾来解读文本：当于勒展现的是不善守财、不善理财的那一面时，大家把他称为"坏蛋""流氓""无赖"，"分文不值"；当传说他"赚了点钱"，还要到远方去"发财"，他自己也许诺要赔偿损失，帮助家人时，他一下子成了"正直的人""有良心的人""好心的人"；到最后，他终于露出真面目，不过是一个创业失败的穷苦老人，他立刻又成了"老流氓"和"贼"，兄嫂只把他叫"这个小子""那人""那个讨饭的"，根本不认这个亲戚了。同样的人，却有着前后不一的"矛盾"称谓，也有一个始终不变的"统一"的评价人的标准：看他是否赚钱，表面上看人，其实是看钱。

像《范进中举》中胡屠户对女婿范进前倨后恭的称谓，《变色龙》中警官奥楚蔑洛夫对那只狗因主人的不同而态度不同的自相矛盾，都是极具讽刺意味的例子。作者往往设置几组矛盾的词语，让人物在不同的时间、不同场合分别用上，从而揭示人物的性格特征。有时粗粗一看，语句平淡朴实，似乎没有什么特别之处。然而换一个词语，换一个句子，换一个顺序，细细读读，才发现文本竟然是如此的精彩，而那些词语，恰如四两拨千斤。孙绍振先生说："应该有一种自觉，老师的任务，就要从学生的一望而知指出他的一望无知，甚至再望也还是无知。"在课堂初始阶段，孩子们的认识也许还仅仅停留在简单的"一望而知"的表层上，教师就需要带着学生通过细致和反复的阅读，对文本所蕴涵的深厚意蕴做出丰沛的阐释。

关键词，当然不止上述几种。"文本是你美丽的倒影"，关键是我们要带着一双慧眼去发现关键词，让文本表层的皮相淡去，让文章深层的精义浮出，慢走细赏，邂逅经典和精彩。

　　曾几何时，我们的语文课堂上流行一种做法："找出你喜欢的地方，说说你喜欢的原因"，实际做法是"学生甲说""学生乙说""学生丙说""学生丁说"，无休无止，貌似一网打尽，其实是一盘散沙，不得要领，或者是脚踩西瓜皮——滑到哪里是哪里。于漪老师告诫我们，语言的品味感悟，一定要指向关键的词句，而不是什么都拿来品味感悟。有的语言在本文中并不关键，你去品了，消解了语言的优势，也消解了课文。这个地方品，那个地方品，则消解了教师对课文的驾驭，令学生感到满天星一般无从下手，无法把握最精要的内容。

　　南帆先生说："文本细读就是沉入词语。"借助关键词的品读，能充分拓展、挖掘语言的内涵和外延，感受语言的内在张力，使教学文本的艺术容量得到有效扩充，给读者预留出广阔的想象、思考空间和充分的咀嚼、品味余地，把"体味和推敲重要词句在语言环境中的意义和作用"落到实处。

第一辑

审美：文学作品教学的核心

我们这里所讨论的文学作品，指教材中的小说、诗歌、散文、剧本等"文学类文本"。还必须明确，我们讨论的主题不是"文学"本身，而是中学语文教学情境中的"文学教学"，以区别于大学课堂中的文学研究，以及各种非教学状态中文学文本的阅读与创作。

文学作品教学的重点在哪里呢？2011年版新课标"课程目标与内容·第四学段（7—9年级）"中有这样的论述："6.能够区分写实作品与虚构作品，了解诗歌、散文、小说、戏剧等文学样式。7.欣赏文学作品，有自己的情感体验，初步领悟作品的内涵，从中获得对自然、社会、人生的有益启示。对作品中感人的情境和形象，能说出自己的体验；品味作品中富于表现力的语言。"课标中的这些论述，为文学教学定了基调，定了方向，也定了重点内容。笔者认为，审美是文学教学的核心内容。具体到教学中，可以从以下几个方面着手。

一、永葆审美之兴趣：知之者不如好之者，好之者不如乐之者

不少人认为，读不读文学无所谓，只要能学好数理化就行了。一些功利主义者甚至认为，文学是无用的。朱光潜先生指出："它（指文学）起于实用，要把自己所知所感的说给旁人知道；但是它超过实用，要找好话说，要把话说得好，使旁人在话的内容和形式上同时得到愉快。文学所以高贵，值得我们费力探讨，也就在此。"苏教版初中语文第一课是作家赵丽宏的

《为你打开一扇门》，其中有这样一段话：

  阅读文学作品，是一种文化的积累，一种知识的积累，一种智慧的积累，一种感情的积累。大量地阅读优秀的文学作品，不仅能增长人的知识，也能丰富人的感情。如果对文学一无所知，而想成为有文化有修养的现代文明人，那是不可想象的。有人说，一个从不阅读文学作品的人，纵然他有"硕士""博士"或者更高的学位，他也只能是一个"高智商的野蛮人"。这并不是危言耸听。亲近文学，阅读优秀的文学作品，是一个文明人增长知识、提高修养、丰富情感的极为重要的途径。这已经成为很多人的共识。

  文学教育，首先是要让孩子对文学永葆一种阅读兴趣。一个人的阅读史，就是一个人的精神成长史。我们发现一个现象，发新书的时候，学生往往都迫不及待地翻看语文书，可是，随着语文课越来越多，学生读语文书却越来越少了。这固然有多方面的因素，但不能不反思，是不是我们的语文课，也在败坏学生阅读文学作品的兴趣？因而，每次初中语文第一课，我都会给孩子们读这样一段话：

  语文是什么？是炫目的先秦繁星，是皎洁的汉宫秋月；是珠落玉盘的琵琶，是高山流水的琴瑟；是"推""敲"不定的月下门，是但求一字的数茎须；是庄子的逍遥云游，是孔子的颠沛流离；是魏王的老骥之志，是诸葛的锦囊妙计；是君子好逑之《诗经》，是魂兮归来之《楚辞》；是李太白的杯中酒，是曹雪芹的梦中泪；是千古绝唱的诗词曲赋，是功垂青史的《四库全书》……

  文学是什么，我们无法也无需给出抽象、准确、科学的定义，但我给孩子们的是具体、形象、直观的感性认识。我们的初中语文课，常常就是让学生从这里与文学相遇相亲相爱，并希望以此助推学生的精神成长。

  于是，我们的语文课上，不抄写词语，而是进行文学创作，选择新学课文中的新词语，用五到十个或描绘一画面，或写一个场景，或抒发自己的情感，不一而足，只要用好，"有意思"就行。

我们不写班级日记，而是写《班级史记》，试看这样几个标题："第77回 胡潜龙戏弄同学，董必成上课睡觉""第78回 蒋滔被抢修正液，曹欢搞怪自习课""第79回 邵家琦数学课表现不佳，朱老师英语课满脸忧愁""第80回 各门功课轮番轰炸，紧张气氛涌上心头"……

我们的"亲近唐诗"形成系列，绝不死记硬背："小小唐诗百家讲坛"，学生轮流来选讲一首自己喜欢的唐诗；唐诗素描，通过诗文转换表达形式来体会不同文体之间的异趣；仿作唐诗；看谁最会用唐诗……

一系列的"文学活动"，我希望能激发并保持学生对文学的兴趣，即使是大部头的经典，难啃的文言版本，我也鼓励学生不必"求甚解"，告诉他们"懂与不懂，都是一种收获"，不在初步接触时，就迎头浇来一盆冷水，让学生对文学敬而远之。

兴趣是最好的老师。毛宗岗在点评《三国演义》时说："读书之乐，不大惊则不大喜，不大疑则不大快，不大急则不大慰。"文学作品的教学，或许正是需要让学生在这"惊""疑""急"中感受到文学的魅力和阅读之乐。如此下去，教只是带着学生领略冰山之上的八分之一，而水下八分之七的无穷魅力，正召唤着学生自己去一探究竟。

二、唤起审美之情感：一个人的"言传"，多数人的"意会"

叶圣陶先生举了一个例子，来诠释文学作品的情感之美："'月儿弯弯照九州。几家欢乐几家愁？几家夫妇同罗帐？几个飘零在外头？'唱着这个歌，即使并无离别之感的人，也会感到在同样的月光之下，人心的欢乐和哀愁全不一致。如果是独居家中的妇人，孤栖在外的男子，感动当然更深。回想同居的欢乐，更见离别的难堪，虽然头顶上不一定有弯弯的月儿，总不免簌簌地掉下泪来。"

文学作品所唤起的深刻感知与审美体验，能使整个心灵都得到深刻的触动，产生强烈的影响，获得全面的滋养。它在人们精神上所产生的综合效应，绝不是一般的知识传播、道德教育和娱乐消遣所能企及的。《孔乙己》中描述的孔乙己的遭遇，给我们留下了深刻的印象，引发我们对于自身的麻木、冷漠的反思。《皇帝的新装》中孩子一声并不高扬却永远烛照人心的话，时时都在让人们叩问自己锈迹斑斑的心灵——我们都有一副"皇帝的新装"。在《蒹葭》的一次次诵读中，体悟"在水一方"的"可望而不可即"……

文学作品的教学，要善于利用文本情感内涵与学生阅读认知和审美体验之间的落差，制造文本阅读对话中的矛盾，使情感的张力增强，以促进学生对文本的情感的体悟，由感性跃迁到智性层面。正如王尚文指出，"为作品'动情'是学生文学阅读真正开始的标志"，"文学作品教学首先是要让学生的心灵受到作品的'情'、作者的'情'的触动，让具体的文学形象掀起学生内心的情感波澜"。

一位老师执教《父母的心》的时候，安排了这样一个互动：

[PPT 出示]
"这可得谢谢啦……"这位父亲本想立刻表示同意，但是一想这样不妥，便说反正这事得和孩子妈妈商量之后才能决定。（第6段）

老师在请同学读这段文字后，请学生思考：从后面的情节来看，省略了什么情节？引导学生揣摩文本空白处——"商量"。为避免学生乱"商量"，教者还提示学生从三个角度去研读：送不送？送谁？谁去送？这就使生生互动有了一定的方向性。

在这一教学过程中，通过学生同伴互助或是师生合作，在演读对话中理解了作者情节设置的匠心所在：这个"商量"，显得婆婆妈妈，非常牵强，很笨拙，欲盖弥彰，逻辑错位，但正是这样明显的笨拙，才显示出父母与孩子的感情之深。而对于读者而言，越是如此的理由不充分，越是有漏洞，才越显得可爱。学生作为一般读者在进行情感审美的阅读，作为学习的主体，又在不知不觉中领略小说矛盾设置的高妙。从第一次的商量"充满着理性"，到第四次的"不讲道理"，学生不仅欣赏到情节一波三折的魅力，也在这个对话细节的品读中，获得了"任何外在的因素，包括巨大的利益诱惑和灾难似的贫穷都无法最终战胜这种美好"的情感体验。

一位老师在执教《乡愁》时，以意象为线索，每朗读一段，就紧扣意象，请学生进行想象——"这个时候，诗人在想什么？"把学生融进诗歌中，似乎此时此刻学生自己就是诗人。有学生在读到"长大后，乡愁是矮矮的坟墓，我在外头，母亲在里头"时，低沉地朗读，满怀深情，两眼噙泪，感染了在场的听课老师。

一位老师在教读《再别康桥》一诗，采取"用诗情召唤诗情"的策略：

下面这两首小诗是我从《再别康桥》中遴选了"云彩""金柳"两个景物意象再创作的，想听吗？写得不好，还请同学们多指教，谢谢。

（教者在缠绵悱恻的怀旧旋律中深情依依地吟诵起了自己的诗作《云彩》：多少个黄昏，／你总是缓缓步入，／在我温柔的视野，履约一般／让我每日的期待／都结出一枚甜润的夕阳。／你说，你就要离开？／瞬间我只想化作雨泪，／沾湿你轻轻挥起的衣袖，／随你四处云游；／可又不忍／沉重了你离别的步伐……）

然后让学生尝试选择其他景物意象来即兴创作短诗，吟诵、评点、交流。这样的活动，使诗意的情感与审美的源泉融合在一起，诗意无边，情意绵绵。

钱理群在《用文学经典滋养下一代》中指出："要用'心'去读，即主体投入的感性的阅读：以你之心与作者之心、作品中的人物之心相会、交流、撞击，设身处地地去感受、体验他们的境遇，真实的欢乐与痛苦，用自己的想象去补充、发展作品提供的艺术空间，品味作品的意境，思考作品的意义。"

读者之间审美情感的区别，一是有无，二是高下。学生也是如此。有的学生不爱读文学作品，对文学美极其陌生，这说明他们没有什么审美情感；有的学生不爱读经典作品，只读通俗作品甚至是庸俗作品，年深日久，势必造成审美情趣低下、精神境界低下。在文学教学中，应引导学生沉下心来，与文学作品中的情感产生共鸣，转化成学生自己的情感内存，培养学生深刻的丰富的真善美的能力，使其具有健康的情感、优雅的气质、优越的智慧和审美的能力。

三、激发审美之思考：从"一望而知"到"一望无知"

阅读是运用语言文字获取信息、认识世界、发展思维、获得审美体验的重要途径。新课标指出："阅读是学生个性化行为。阅读教学应引导学生钻研文本，在主动积极的思维和情感活动中，加深理解和体验，有所感悟和思考，受到情感熏陶，获得思想启迪，享受审美乐趣。要珍视学生独特的感受、体验和理解。"文学文本的教学，既要让学生获得情感体验，也要激活学生的思维，使其形成自己的阅读感受，而不是把自己的头脑变成别人思想的跑马场。

文学作品字面上常常一望而知，就像"床""前""明""月""光"这个五个字，人人认识，但是，穷其一生，恐怕也再难有第二个人把他们组合成"床前明月光"，即使勉强拼凑出，恐怕也无法企及李白所营造的动人心魄的意境。文学作品的教学，理应让学生从一些司空见惯、熟视无睹的"常人所见"中读出"不一样"来。孙绍振先生说："应该有一种自觉，老师的任务，就要从学生的一望而知指出他的一望无知，甚至再望也还是无知。"否则，重复学生的已知，其教学价值就不大。

一位老师在执教金波的童话《盲孩子和他的影子》的时候，抓住作品题目"盲孩子和他的影子"中的"和"字，与学生一起反复推敲揣摩，联系文本内涵，进而悟出，这里的"影子"的意义非同一般。学生对文本的解读，从课始泛泛而谈"爱"，到结课时领悟到"赠人玫瑰，手有余香"的真谛，以及"爱与被爱，都是一种幸福"，其认知水平已经获得提升。

教学《幽径悲剧》时，学生一般都会从文章中感受到"愚氓灭美"——真善美被毁的悲剧引发作者的思考。但如果仅仅止步于此，对文本的理解就是浅尝辄止、浮光掠影了。作者的境界体现在何处？就体现在文章的最后一段："但是，我愿意把这个十字架背下去，永远永远地背下去。"如果不能引导学生读懂这一段文字，可能我们就会对文本有误读，以为本文仅是作者发发牢骚，发发哀叹，囿于为藤萝的悲剧而痛苦与哀伤的"小我"境界。其实最后这一段，恰恰告诉我们，作者并不消沉，而是从个人的情思生发出来，上升到对人生、社会、时代之"大我"的思考。个人失去了一个情感的寄托是小事，但民族振兴却是大事。

教学这一课时，我这样来处理：

师：读第五个句子——"但是，我愿意把这个十字架背下去，永远永远地背下去。"思考：结尾段，作者又来一个转折，这里的"但是"，表达了什么？

生：作者面对这种无可奈何的境地，"念天地之悠悠，独怆然而涕下"，用"但是"表示作者又一次的情感转折。

生：虽然有些为愚氓灭美而悲哀，但他并不消沉，而是从个人的情思生发出来，上升到对人生、社会、时代的思考。

师：何以见得？

生：从这几句话中用了两个"背"字可以读到一些不一样的情感。前面的"我"将永不放弃揭露悲剧、维护真善美的责任，后面的"我"给我的感觉是，一个倔强的老人，表现的是矢志不渝的决心。

师：是啊。一个"但是"两个"背"，让我们读到了一个知识分子的那种"妙手著文章，铁肩担道义"的良知。

（学生语气坚定、铿锵有力、充满信心地读。）

2011年版新课标还特意指出："在理解课文的基础上，提倡多角度、有创意的阅读，利用阅读期待、阅读反思和批判等环节，拓展思维空间，提高阅读质量。"因而，关注阅读期待，唤起深刻感知，是我们语文老师引导学生阅读文本的责无旁贷的事情。如果在语文课堂上，学生的文学文本阅读不能由浅及深，由表入里，那么这样的阅读就是肤浅化阅读、快餐化阅读、碎片化阅读；这样的文学教学，就是无效的教学。美的思考，就是发现文学文本中的"诗与思"的秘妙所在，体会到怦然心动、若有所思、豁然开朗、欲罢不能的升华与超越的愉悦之感。这是文学教学中不可或缺的任务。

四、学习审美之语用：言之无文，行之不远

朱光潜说："文学是以语言文字为媒介的艺术。""人之所以为人，不只因为他有情感思想，尤在他能以语言文字表现情感思想。……有了语言文字，许多崇高的思想，许多微妙的情境，许多可歌可泣的事迹才能流传广播，由一个心灵出发，去感动无数心灵，去启发无数心灵的创造。这感动和启发的力量大小与久暂，就看语言文字运用得好坏。"正如孔子所云：言之无文，行之不远。进入教学情境中的文学文本，既有其原生价值，又承担起教学价值。所谓教学价值，正如 2011 年版新课标指出的那样："语文课程是一门学习语言文字运用的综合性、实践性的课程。"因而，教学情境中的文学文本就有了语文教学的任务，即文学文本的教学还应该让学生领略并学习语言文字运用之美。所谓语言文字的运用，表现在词语的推敲不定或涵义丰厚，表现在句式的均匀整齐或错落有致；表现在声韵的抑扬顿挫，或长短句的旋律、节奏；表现在连贯语句的一气呵成，或分行语句的跌宕跳跃……当然，还有多种修辞方法的运用，这也是语言形式美的重要方面。

教学《在烈日和暴雨下》时，我和学生一起"沉入词语"，在品读词语中加深文义理解：

【PPT 出示】

祥子不知怎么是好了，低着头，拉着车，慢腾腾地往前走，没有主意，没有目的，昏昏沉沉的，……本来不想再喝水，可是见了井不由得又过去灌了一气，不为解渴，似乎专为享受井水那点凉气，从口腔到胃里，忽然凉了一下，身上的毛孔猛地一收缩，打个冷战，非常舒服。

师：一个"灌"，有特定的含义，说说看。

生：感觉就是无论是什么样的水，都是拼命地往下喝。简直不能用喝

来形容了。

师：如果换成"喝"，效果有什么不一样？

生：就感觉不是那么的急切，有些不慌不忙的，无所谓似的。

生："灌"表现了祥子想喝水的那种迫不及待的心情。

生："灌"这一个字，写出了祥子不管自己是不是口渴，为了能凉快一些，就是要喝水。

师：文中还有一段话中，也有一个"灌"字，同学们把它找出来，画下来。当你读到这句话的时候，肯定有新的理解。

（指名读："每一口井都成了他们的救星，不管刚拉了几步，见井就奔过去，赶不上新的水，就跟驴马同在水槽里灌一大气。"）

生：这个"灌"，是跟驴马在一起，所以很急切。

师："跟驴马在一起"，是否可以换为"坐在桌子边灌一大气"？

生：我觉得说那些拉车的和驴马"在水槽里灌一大气"，是为了从侧面写出拉车的社会地位之低下。

生：和驴马一起喝水，让人想到一个词——"非人的待遇"。没有说和人在井边一起"灌一大气"。

师：祥子此时此刻的生存状态几乎就跟驴马一样。所以这个"灌"字，除了表现祥子急切的想喝水的状态，也可以感受到祥子的生存状态，就跟驴马一样。

陆九渊有云："读书切戒在慌忙，涵泳工夫兴味长；未晓不妨权放过，切身须要急思量。"文学作品中的语言具有审美特征，成为艺术欣赏的重要对象，并且在很大程度上决定着文学作品的艺术价值。夏丏尊先生说："诸君读小说，假定是茅盾的《子夜》，如果当作语言文字的学习的话，所当注意的不但是书里的故事，对于书里面的人物描写、叙事方法、结构照应以及用词、造句等等该大加注意，诸君读诗歌，假定是徐志摩的诗集，如果当语言文字学习的话，不但该注意诗里的大意，还该留心它的造句、用韵、音节以及表现、着想、对仗、风格等等的方面。"因而，在进行文学作品教学的时候，固然有情感审美上的追求，会因文学作品而有兴奋、流泪、厌倦等感觉，但是，"对于一篇文字，或是兴奋，或是流泪，或是厌倦，都不要紧，但得在兴奋、流泪、厌倦之后，用冷静的头脑去再读再看，从文字的种种方面去追求，去发掘。因为你在学习国文，你的目的不在兴奋，不在流泪，不在厌倦，在学习文字呀"。

文学有"一千个读者就有一千个哈姆雷特"的情形与纷扰，文学教学有"乱花渐欲迷人眼"的现象与困惑。这种现象和困惑往往既使我们在教学中感到无所适从，又招引着我们去寻找文学教学增长点、立足点，向青草更青处漫溯。但是，无论是教育，还是文学，都有人称之为"人学"。那么，就让我们把目光从"文学"和"教育"汇集于人——学生的身上，让我们的学生徜徉在文学的河流中，去热爱美，寻找美，发现美，思索美，创造美——撑一支长篙，满载一船星辉，在星辉斑斓里尽情放歌。

第一辑

文本的教学解读要有"三度"

当下文本解读的范例层出不穷，文本解读的理论也是俯拾皆是，为语文教师解读文本提供很多有参考价值的路径。问题也随之而来：文本解读，看上去很美，但依然令广大语文教师感到可望而不可即，有的虚无缥缈，不着边际，玄乎玄乎，文本解读陷入虚无；有的钻牛角尖，放大枝节，忽视主干，见树木不见森林，文本解读陷入偏执；有的肢解文本，大卸八块，断章取义，盲人摸象，隔断联系，把文本解读当成零件堆积木。

语文教学中的文本解读是第一要务，但要基于教学情境。我认为，文本的教学解读，要有三度：限度、向度、梯度。

一、文本的教学解读有限度

1. 教师要做高明的牧羊人

一位老师在教学《皇帝的新装》时，师生有这样一段对话：

师：你最欣赏谁？
生：最欣赏骗子。
师：为什么？
生：因为他能把皇帝和大臣骗得团团转，最后获得了自己想要的东西。
师：嗯，见解果然不一般，很好。请坐。

在学习了《孔乙己》《范进中举》后，一位老师请学生来进行比较阅读：

师：我们学习了这两篇课文，同学们对比一下，看看这两篇课文，有什么不同？

生：范进是在逆境中苦苦追寻自己的人生目标，掌握自己命运的强者，孔乙己是堕落、无骨气、深受封建科举毒害的弱者。

师：你说得真好！有独到的见解！

这两个课例中，老师对教材价值缺少应有的认知，也没有弄清楚教材的编写意图，所以教学偏离了应有的价值取向。学生误读了作品的内涵和要义，老师就要发挥首席的作用，做好引导。尊重学生独特体验的前提是重视"熏陶感染"和"价值取向"。如果有违这个前提，那就需要疏通和引导，老师就要发挥首席的作用。在阅读中，师生的关系是平等的，但"平等"不是"相等"，老师要成为首席顾问和代表，起到导航、引领和统领全局的作用，要调控对话的方向，组织对话的过程，以保证对话的有序和有效。语文老师要做一个高明的牧羊人，把学生带到水草丰盛的地方，然后守护着合适的边界，不至于让学生在自由寻觅的时候或迷路不返，或歧途徘徊，或面临险境。一句话，阅读中老师的价值引领责无旁贷。

教学中，学生抛开文本进行所谓的高谈阔论，尽管有不同的见解、精彩的发言，或者有自己的体验和理解，但这不是阅读教学所追求的多元解读，而是一种越界解读。多角度的、有创意的阅读应建立在文本的基础上，脱离文本，所谓多元解读只能是一种空谈。

2. 一千个哈姆雷特，还是哈姆雷特

多元无界，过犹不及。基于课堂教学情境的阅读，一方面具有不确定的、无限的、审美的差异性；另一方面是有阈限的、有范围的，存在着社会共通性。尽管我们说一千个读者就有一千个哈姆雷特，但毕竟还是哈姆雷特，不是贾宝玉。

有的教师在教学中甚至奉行"多元无界"观，对学生表达出的种种观点，无论对错都照单全收，缺乏必要的引导。如上《愚公移山》一课，有学生说："愚公真的太笨了，为什么不搬家？"有的说："愚公是在破坏生态环境，应该受到谴责！"有人说："愚公把子子孙孙都困在这件枯燥的事情上，完全不顾他们的幸福，太残忍了。"面对这种"多元解读"，教师如果一味地鼓励学生进行发散思维，就忽视了解读过程和作品的联系，忽视了学生对作品内在意义的关注，这实际上是在破坏对作品的正确解读。

况且，有些文本解读，无需"多元"。朱自清先生在《经典常谈》的序言中说："在中等以上的教育里，经典训练应该是一个必要的项目。经典训练的价值不在实用，而在文化。有一位外国教授说过，阅读经典的用处，就在教人见识经典一番。这是很明达的议论。"叶圣陶先生在《〈读经典常谈〉》中也说："现代学生应该读些古书，万不宜忽略'学生'两字跟一个'些'字。说学生，就是说不是专家，其读法不该跟专家的一样（大学里专门研究古书的学生当然不在此限）。说'些'，就是说分量不能多，就是从前读书人常谈的一些书籍不必全读。就阅读的本子说，最好辑录训诂校勘方面简明而可靠的定论，让学生展卷了然，不必在一大堆参考书里自己去摸索。"王荣生则直截了当地把经典作品作为"定篇"来对待，他也认为，就学生而言，对待经典文本"只要达到让学生见识一番这么个意思就成"，而无需自己去多元解读。相对而言，文学类文本的解读可以有多元解读的可能，而非文学类文本，如说明类文本，则几乎只有一元解读的可能。通俗点说，如果一本手机的说明书可以多元解读的话，那么，你可能就会斥责这个制造商语文水准太差，用户不知该如何尽快地掌握操作要领。因而，多元解读并不具有普适性。更不用说日常生活中的请假条、工作报告、法律文书、公文之类的应用性文章，倘若也有多元解读的可能，估计就会带来无穷无尽的"官司"了。

基于课堂教学的文本解读并不是越广越好。语文教学中的文本解读，不是研究语文，不是文学研究性质的文本解读，而是基于阅读教学的，为语文教学服务的。这应该是语文教学中的标尺。

3. 文本主题解读不是乱贴标签

目前的文本解读，还有另一个倾向：泛思想品德化，把文本解读狭隘地理解成思想道德教育，动不动就是"歌颂""赞扬""抨击""鞭笞""揭露"。比如，不少教师对鲁迅作品的解读长期禁锢在同一个模式里：反封建科举制度，反封建礼教，反封建教育制度、专制制度；批判辛亥革命的不彻底性，批判知识分子的自私软弱，批判国民的劣根性；揭露帝国主义的侵略行径，揭露国民党政府的卖国罪行，揭露反动的帮闲文人的丑恶嘴脸……这些，都令学生对鲁迅作品望而生畏。就拿《从百草园到三味书屋》来说，文章传达的是少年鲁迅对自由自在的心灵乐园的追索，对虽然刻板却也充满乐趣的三味书屋的正视；同时还传达了中年鲁迅以回忆寄托情思的寂寞情怀和力图在纷扰中寻出闲静来的无奈心态。

先从编者的意图来看。《从百草园到三味书屋》在苏教版教材中放在七年级下的"童年趣事"单元。看看这一单元的主题，我们就能明白编者的用心，是贴近儿童的：

童年是金色的。这里展示了一幅幅童年生活的画卷。有人童年受到呵护，也尝到各种酸甜苦辣的滋味；有人童年单纯可爱，可身上也留下了社会的印记；有人童年远未定型，却表现出了未来的某些个性……童年的生活和感受是深藏在人们心目中的无尽的宝藏，也是生命长河不竭的源泉。

人教版七年级下第一单元的《从百草园到三味书屋》的阅读提示中这样写道：

提起鲁迅，人们常常想起他的严肃、庄重，但是打开他的童年之窗，我们会发现，那里却是另外一道风景。灿烂的春光中有童真，无味的冬天里也有童趣，自由的玩耍中充满幻想，严肃的学习中也不乏快乐。让我们一起走进鲁迅的童年，探索一下他成长的足迹吧。

再来看看苏教版教学参考书中的单元参考教学目标：

（1）了解多彩的童年生活，体会作家笔下的各种童年的酸甜苦辣；
（2）感受作品中的人物和事件，引起自己对童年生活的回忆和共鸣；
（3）品味、学习散文优美而含蓄的语言；
（4）懂得记事写人要线索清楚。

不难发现，"儿童"是一个共通的主题。可见，还原为一个真实的儿童生活世界，也许正是鲁迅先生的创作缘由。作者自己在《〈朝花夕拾〉小引》中也说写这些文章，是"无聊"时的"回忆"。"我有一时，曾经屡次忆起儿时在故乡所吃的蔬果：菱角、罗汉豆、茭白、香瓜。凡这些，都是极其鲜美可口的；都曾是使我思乡的蛊惑。"他甚至还用诗意的语言描述道："或者，他日仰看流云时，会在我的眼前一闪烁罢。"

因而，绝大多数学生在读这篇文章的时候，能够做到上述要求，就达标了。如果有学生读到"旧式教育束缚儿童身心发展的封闭性和落后性"，感悟到"鲁迅先生愿儿童健康成长的情怀"，那值得嘉许，但不是对所有学生的要求。就像读《红楼梦》，读到"封建社会的没落史"，读到"一个家族的兴衰史"，读到"宝黛爱情"，都是可以肯定的。

随着阅历的增加、知识面的拓宽，部分优秀学生可以读出更多、更深的东西，甚至超越作者本身的创作目的，那也是可以理解的——"作者之用心未必然，读者之用心未必不然"，但不能把成人的理解强加给学生。事实上，不少老师在课堂上所展示的文本解读，看上去"高大上"，"有个性"，实际上却是牵着学生的鼻子，一步步地验证教者文本解读的"所言不虚"。这种现象，说难听点，就是披上"文本细读"的外衣，行着"请君入瓮"的勾当。

二、文本的教学解读有向度

2011年版新课标指出："语文课程是一门学习语言文字运用的综合性、

实践性的课程。"其中，就7—9年级的阅读教学阶段目标有这样一些表述："体味和推敲重要词句在语言环境中的意义和作用""对课文的内容和表达有自己的心得，能提出自己的看法和疑问，并能运用合作的方式，共同探讨、分析、解决疑难问题""对作品中感人的情境和形象，能说出自己的体验；品味作品中富于表现力的语言"。于漪老师说，语文教学要抓住关键词语重锤猛打。著名散文家南帆认为，语文学习就是"沉入词语"。自古以来，人们就对语言锤炼、推敲之类的做法情有独钟，津津乐道。可惜的是，一些课堂上，师生对语言文字不能沉潜下去，却纠缠于一些宏大主题玄虚的讨论、热闹的气氛，还要振振有词地为自己辩解：放手给学生，学生是学习的主人，等等。这样的课掩饰自己的苍白，企图以其昏昏使人昭昭，结果一无所获。

为语文教学考虑，文本解读的对象不应局限于内容和主题。学生语文学习的能力表现在两个方面：一是学习他人如何运用语言表达思想与观点；二是学会用个性化的言语表达自己的情感与思想。

因而，文本的教学解读，应该"着眼于语用"，这是语文教学的必然选择。

比如，朱自清的《春》，我们可以做如下教学解读：

内容：描绘了盎然的春景，表达了轻快的愉悦。

形式：活泼的语言风格（修辞手法、遣词造句……）。

核心价值：散文的情感美与形式美如何和谐统一？

对此，上海的郑桂华老师是这样来达成上述目标的：

生：我觉得最后三节——"春天像……"，比喻和排比结合，说出了春天的三种样子，还用了拟人手法写出了春天春意盎然的景象。

师：怎么用比喻、排比、拟人，就春意盎然了呢？你把这三节再读一读。

……

师：能不能从句子的句式、长短上看看，发现了什么？为什么这样的比喻就有一种轻松舒坦的感觉？同样是朱自清的散文，《荷塘月色》写花香——"微风过处，送来缕缕清香，仿佛远处高楼上渺茫的歌声似的"，你可能觉得这也很优美，但与《春》相比，区别在哪儿呢？为什么"笑着，走着"就显得欢快呢？

生：我认为这句话是用简短的语言来表达出自己的感受。

  郑老师的课例中，我们可以看出，学生对一些诸如修辞手法之类的解读，还是有认知的，知道这里用了什么修辞手法，表达了什么效果。这也是我们日常教学过程中的惯用手法，不用说老师，连学生都知道套路。小学阶段是"通过什么方法，表达了什么效果"，到了初中还是"通过什么方法，表达了什么效果"，甚至到了高中大学依然如故。乃至于我们的语文老师上课时，也几乎不假思索脱口而出"通过什么方法，表达了什么效果"。可见，老师的老师当年就是这样教的，不知不觉地已经传承下来。甚至，还有一些公式化的语言：逢比喻就是"生动形象"，遇拟人就是"人格化"……可是，为什么用了这些修辞就有了这些效果呢？就拿比喻来说，为什么说"小姑娘的脸像红苹果"就生动，而说"小姑娘的脸像红烧肉"就觉得别扭呢？不是一样符合比喻的特点吗？我们不能向学生解释清楚，所谓比喻的作用，不过是泛泛而谈，学生对比喻的理解只是一个概念。在低层次上重复，难怪学生对语文学习丧失了兴趣。我们教学了多少年的比喻，学生写作时还是不会生动形象地运用比喻。郑老师妙在最后问"为什么'笑着，走着'就显得欢快呢"，切中了问题的关键所在。学生在老师的指导下，一读再读，读中体悟，终于明白了"用简短的语言来表达自己的感受"。这与文章开头的"盼望着，盼望着，东风来了，春天的脚步近了"异曲同工，短小精悍、生动活泼、结构简明、节奏紧凑，语音的停顿和段落相一致。语文课堂多进行这样的训练，自然会在潜移默化中提升学生的语言表达能力。可惜的是，现实教学中，很多老师对此视若不见，依然执著纠缠于"这三个句子独句成段能否调换次序"之类的浅白问题，语言表现形式这一核心问题旁落，实在是语文教学的一大痼疾。

  对于文本解读，孙绍振先生划分为七个层次：艺术感觉的"还原"、多种形式的比较、情感逻辑的"还原"、价值的"还原"、历史的"还原"和比较、流派的"还原"和比较、风格的"还原"和比较。这七个层次，足以成为教学实际中的"语言抓手",便于老师更好地深入解读文本,对当下比较倚重的八股式的教参式解读、文学欣赏式的学院派解读、迎合趣味的时尚式解读、貌似多元的个性化解读、半生不熟的建构性解读、细枝末节的颠覆性解读,起到一个拨乱反正的作用。

三、文本的教学解读有梯度

所谓梯度,简而言之,就是根据学生的实际情况,有针对性地提出不同的阅读要求。比如,同样一篇文章,在小学阶段,与在初中阶段有什么不同,究竟应学习哪些内容,学习到什么程度,深度、广度究竟应在哪里,要做到心中有数。

比如,同样是杜甫的《登高》,在三个不同年段的教学目标定位就应各有侧重:

(1)小学:明确描写了秋天的哪些景物;了解诗歌的大致意思;读读背背。

(2)初中:抓住描写景物特征的词语谈谈感受和理解;思考景物描写与诗人表达的情感之间的关系;把握这首"古今七律第一"的诗歌的形式美。

(3)高中:感悟杜甫在登高时所触发的人生悲怀以及大唐帝国由盛转衰的时代氛围;品析沉郁顿挫的风格;探究意象"木叶"(基础好的学生)。

同样,对于同一文本,对不同学力的学生的要求也应该有所区别。我们常常在课堂上做一些出力不讨好的事情。比如,老师提出一个问题,学习困难的学生往往会启而不发,任凭老师怎么诱导,学生就是无法达到老师的预期。而那些早就能看出端倪的学生则在一旁焦躁地等待,他们或是看笑话,或是不耐烦地做些其他事情,老师会责怪他们不注意聆听。老师这时不应责怪这些同学,而应该反躬自省:这个问题提得合适吗?

我在教学《背影》时,师生有这样一段对话:

师:"于是扑扑衣上的泥土,心里很轻松似的。"父亲是真的感到"轻松"吗?

学困生:不是真的轻松,因为父亲是一个胖子,穿过铁道,攀爬月台,非常艰难。

学优生:买橘子这件事的确于父亲而言体力上不轻松,但是,作为父亲,他尽了一个父亲的责任,感到踏实和满足,心理感觉是轻松。

生:"等他的背影混入来来往往的人里,再找不着了,我便进来坐下,我的眼泪又来了。"这句话,我觉得非常令人感动。

师:说说你的想法。

学困生:一个"找"字,体现了我对父亲的依恋与不舍。

学优生:这个"找"字很有意思。这是作者情感变化的一个重要的词语。一开始对父亲的说话做事感到不屑,说的是"你走吧",到后来感动流泪,再到这个"找"字,细腻地表现了儿子对父亲的理解之后的依恋。这时的"我"不是催促父亲离去,而是在父亲果真离开后,在来来往往的人里努力地"找",表现了没有找着的一种失落之情。

这段对话中,我们可以看出学困生停留于文字表面的理解,比较浅显,孤立地就词论词,但对于学困生来说已经迈出了可喜的第一步。而学优生则已经透过文字的表象看到文字背后的内涵,能联系上下文仔细推敲揣摩出文脉中的情感线索。显然后者高出前者一等,也是我们老师常常希望出彩的地方。如果语文老师认为课堂上的精彩之处就是这些近乎完美的答案的话,我们多半是要失望的。毕竟,不是所有的学生都能达到你所期待的高度的。我们不得不承认一个现实,一个班级里存在差异是正常的。我们要做的是,创设氛围,让每个学生都能在原有的基础上有所提升,而不是用一把尺子来衡量和要求所有的学生。理性层面的思考,不是空泛地喊口号,讲大道理,而是在深入阅读的基础上的提炼。如果撇开文字表象,任意拔高要求,只顾着要求学生挖掘深层意蕴,那么,学困生只会在望尘莫及中自愧不如,在一次次的挫败中更加丧失信心。针对不同层次的学生,我们都应该肯定他们的思考过程。为不同层次的学生设置不同层次的问题,只要愿意思考，事情就好办了。

　　一些公开课教学中，常常会有老师对某一文本是否适合某个年级教学颇有争议。其实，文本本身无所谓合适与不合适，关键在于教者如何在解读中从文章的原生价值中发现教学价值，撷取适合学生的教学内容。因为大家都明白一个道理，作家的作品，除个别特例外，不是为做教材而"量身定制"，其作品的原生价值也不是教学价值，我们需要进行取舍。

　　目前我国语文教育的"无序"状态并未得到根本解决，基本上处于"我想教什么就教什么""我认为应该教什么就教什么""我喜欢教什么就教什么""教参说教什么我就教什么"的状态。语文教学少慢差费现象依然存在。或许，文本的教学解读，会让我们从"山重水复疑无路"的境地中看到"柳暗花明又一村"的曙光。

第一辑

句子有密码，妙处与君说

语文教学中常有课外让学生摘录"好词好句"背诵、默写，课内则充斥着"这句话用了什么修辞手法，有什么表达效果"之类的"赏析"。可惜，学生"好词佳句"抄写了，"运用了什么修辞手法"之类的问题也能对答如流，可是面对纤细微妙的感情、独特个性的体验、触景而发的感悟，还是无法用鲜活具体的语言来表达。

为什么会出现这种"人人心中有，个个笔下无"的情形？我认为，是句子的学习不得要领，没有真正从句子本身的形式去把握，没有弄清楚"为什么要这样"所致。

歌德说："内容人人看得见，涵义只有有心人得之，形式对于大多数人是一秘密。"句子作为语言运用的基本单位，能表达一个相对完整的意思，是语文学习不可或缺的内容。在语文教学中，教师应带领学生从"司空见惯""熟视无睹"的文段中揭开句子的神秘面纱，循着文字的踪迹，找寻为文的道理。

一、把句子拉长

先来看两则例句：

我掀开帘子，看见一个小姑娘，只有八九岁光景，瘦瘦的苍白的脸，冻得发紫的嘴唇，头发很短，穿一身很破旧的衣裤，光脚穿一双草鞋……

这南方的初春的田野！大块儿小块儿的新绿随意地铺着，有的浓，有的淡；树枝上的嫩芽儿也密了；田里的冬水也咕咕地起着水泡儿。

余映潮老师将其命名为"扩展式描写句"，并解释说："每一句子都可大致分为两个层次，都是前略而后详，都是前面简明而后面生动，都是前面有一个中心词（点示出人、景或物），后面围绕这个中心词进行描写。——这是多么美丽的句式：由于鲜明的层次性，它表达的节奏舒缓而自由，于从容不迫之中表现出细腻，在初步的展现之后再缓缓撩开人、景、物的面纱。"

还有的句子直截了当在中心词后用一个"冒号"来"诠释"，我给它命名为"诠释式描写句"。所谓"诠释"，就是在核心短语后，加上一段评论或解释性的文字，使语言更加具体、形象、生动。如：

野花遍地是：杂样儿，有名字的，没名字的，散在草丛里像眼睛像星星，还眨呀眨的。（《春》）

拉车的人们，只要今天还不至于挨饿，就懒得去张罗买卖：有的把车放在有些阴凉的地方，支起车棚，坐在车上打盹；有的钻进小茶馆去喝茶；有的根本没拉出车来，只到街上看看有没有出车的可能。（《在烈日和暴雨下》）

这两个例句与余老师所举例句，形式上基本相似：前面呈现要描述的对象，后面进行扩展，描述事物的特征。显然，如果作者只写到前半部分，文章也说得通，读者也能理解，但显得笼统而不具体，抽象而不形象，概括而不生动，也就是"说得通不一定说得好"。

教学时，如果我们能像余老师这样发现句子形式的特点，帮助学生指出其妙在何处，并有意识地指导仿写，等于是给学生一根拐杖、一个支架，学生会豁然开朗："噢，原来这个句子是这样写出来的。"这种示范意义非凡。如：

原句：父亲老了。

改句：无意中，我瞥见父亲将手机拉得老远，眯着双眼，无奈的样子，我才真真切切地感受到——父亲真的老了！（柴雨泽）

常有学生表示，觉得句子写得干瘪、乏味、苍白，不知道该如何让这些文字变得"长一些""厚一些"。如果学会了运用扩展式描写句、诠释式描写句，就能把对象描写得全面、丰富，还愁文字骨瘦如柴吗？

二、把句子缩短

阅读教学中，我发现文章中的长句子是学生阅读的障碍，于是我反其道而行之，对长句进行"提纲挈领"式的梳理，引导学生提炼关联词、关键词，把长句缩成短句，帮助学生抓住主干，剔除枝叶，把握句子的核心，领悟句子的内涵。如：

不必说碧绿的菜畦，光滑的石井栏，高大的皂荚树，紫红的桑椹；也不必说鸣蝉在树叶里长吟，肥胖的黄蜂伏在菜花上，轻捷的叫天子（云雀）忽然从草间直窜向云霄里去了。单是周围的短短的泥墙根一带，就有无限趣味。（《从百草园到三味书屋》）

学生初读以上长句时面露难色。我让学生一边读，一边画出快速领悟句子的抓手——语段中的关联词，在读中悟出，"不必说……也不必说……"是铺垫，为"单是"后面的内容作烘托，有强调的意味。将长句缩为"不必说……也不必说……单是……"，句意呼之而出。学生写景有时喜欢下笔就直奔主题而去，文章少了蕴藉含蓄；有时则面面俱到，重点不突出。有学生表示，可写的内容很多，该如何取舍与表达？我让学生先罗列出想写的有哪些，明确准备浓墨重彩描绘的是哪一点，然后让学生思考：如何做到既把其他景物点到为止，又能为"浓墨重彩的那一点"蓄势？于是，我让学生重温鲁迅这一经典语段，把"想写的"用"不必说……也不必说……"一笔带过,"重点写的"则置于"单是"后面。写完后,让学生再用缩句的方法自我检测一番有没有达到"曲折有致"和"重点突出"的目的。显然,把句子缩短不是目的,而是通过句子"长短"之间的相互转换来锤炼语言精致或铺陈的能力。

有时,还可以借助关键词把句子的层次表述清晰。教学田晓菲的《十三岁的际遇》时,我发现学生一次性理解下面段落中句子的层次比较困难:

有时,我特别愿意静静地站在图书馆阅览室的门口,看那些伏案读书者专注入迷的神情;也愿意一边走向第三教学楼,一边听身旁经过的人高声争论着什么问题——吸引我的,往往不是他们争辩的题目,而是北大特有的敏感,特有的纯洁,言谈的犀利与机智,精神状态的生机勃勃;更愿意站在广告栏前,细细地读那一张一张五颜六色的海报,为的是永不厌倦地感受北大清新自由的气氛。

我带着学生一边读,一边画出三个短语"特别愿意""也愿意""更愿意",以及两个分号。在这些标志性词语和符号的提示下,学生很快明白,这段话用了三个短语分三个层次来写北大的同学。可以将其缩短为"我愿意看神情,听讨论问题,读海报"。于是,学生在习作中仿写,写出了以下句子:

我特别愿意看那盛放的梨花,如同洁白的雪,灿烂地闪着淡淡的银光;我也愿意赏那粉红的杏花,灿若飞霞,"沾衣欲湿杏花雨",给人以迷醉的享受;我更愿意品那淡绿而又泛着嫩黄的柳,舞动婀娜而又恬淡的身姿,"碧玉妆成一树高,万条垂下绿丝绦",在风中翩翩起舞,让人心旷神怡。(陈润泽)

叶圣陶先生在《国文教学的两个基本观念》中指出:"多读多作固属重要,但是尤其重要的是怎样读,怎样写。对于这个'怎样',如果不能切实解答,就算不得注重了方法。……阅读是吸收,写作是倾吐,倾吐能否合于法度,显然与吸收有密切的关系。"其实从表面来看,我们好像是带着学生在做着"吸收"的事儿,但是从读写关系上说,何尝不是在为学生获得"倾吐"技能奠定基础呢?

语文学习,就是向他人学习如何运用语言表达思想与观点。谁也不能否认,熟练自如、信手拈来地运用语言文字,是语文学习的一种上乘境界。

三、把句子排齐

经典诗文中有不少句子形式上对称整齐,朗读起来连贯流畅,富有形式美和音韵美,增强了文意的表达效果,可谓句句精妙,文质兼美。

吴均《与朱元思书》中议论性经典句"鸢飞戾天者,望峰息心;经纶世务者,窥谷忘反",既反映了作者对争名逐利官场的鄙视,又衬出大自然美景诱人的力量,而且在形式上五字与四字交替运用,疏密相间,灵活多变,更具韵律美。《岳阳楼记》一文,大量运用赋体,四字句如珠落玉盘,比如"日星隐曜,山岳潜形""沙鸥翔集,锦鳞游泳""长烟一空,皓月千里""浮光跃金,静影沉璧"等,它们结构相同,字数相等,整齐对称,读来恰如"嘈嘈切切错杂弹,大珠小珠落玉盘"。教材中这样的句子屡见不鲜。

我一方面引导学生在诵读中走进意境,去感受、体验文章珠落玉盘的音律美;另一方面在实践中丰富学生语言表达的形式,让学生进行仿句练习。

我和父亲:我的父亲渐渐老去,但他在我心中依然高大;我也渐渐长大,但我在他眼里依然稚嫩。(宋欣枚)

满眼的繁花似锦:瞧那樱花,满树满树的,压低了枝桠,芬芳了繁华;看那玉兰,内敛温文的,小小的开了一星半点,犹如大家闺秀;就连地上不知名的野花,也是发而幽香,在青草丛中绽放出了一个春天。(吴滢)

另外,对于课文中常见的互文句,像"将军百战死,壮士十年归""不以物喜,不以己悲""叫嚣乎东西,隳突乎南北"等,也可以以句子形式的特征为抓手进行写法指导,让学生学会触类旁通,用现代汉语表达出来。

朱光潜说："内容跟着形式，意念跟着语文，时常在变动，在伸展。……一切调配妥帖了，内容与形式就已同时成就，内容就已在形式中表现出来。"因此，我们应该认识到，强化整句和散句、长句和短句的灵活搭配，把句子排列整齐的训练，表面上考虑语言的形式美，实际上也是对学生写作时的思想、意念进行认真的梳理、调整。文章的语言形式变化多姿，才会产生一种特殊的神韵。

四、把句子点亮

对于好的文学作品，朱光潜先生指出："最适当的字句安排在最适当的位置。那一句话只有那一个说法，稍加增减更动，便不是那一回事。"由此可见，一两个精准的词语往往会让句子的意味得以烘托出来。如《我的叔叔于勒》一文中，菲利普有一句话重复了两次："唉！如果于勒竟在这只船上，那会叫人多么惊喜呀！"我以此为依托，组织学生反复朗读，咀嚼其中的滋味，学生品出一个"唉"字的多重含义：既有对自己现状的不满与无奈，又有对有钱的于勒的期盼，更有对有钱的于勒的久盼不归的失望。由此学生对人物形象有了更深切的把握和理解。

教学老舍的《在烈日和暴雨下》时，我发现有这样的句子：

没人敢抬头看太阳在哪里，只觉得到处都闪眼，空中，屋顶上，墙壁上，地上，都白亮亮的，白里透着点红，从上至下整个地像一面极大的火镜，每一条光都像火镜的焦点，晒得东西要发火。在这个白光里，每一个颜色都刺目，每一个声响都难听，每一种气味都搀合着地上蒸发出来的腥臭……

这里，我自创了一个概念——"极端词"，即文中的"到处""整个""都"，以及出现频率较高的"每一"等词语，老舍正是用这种带有夸张意味的极端词来描写极端化的自然环境，强调了天气极端之"热"。教学时，我指导学生进行比较阅读，读原文—去掉这些词读—个别读，体会老舍先生运用这些极端词，来表达那种撞击内心的"逃无可逃"的感受。文中类似的句子还有：

他不能抬头，不能睁眼，不能呼吸，不能迈步。他像要立定在水里，不知道哪是路，不晓得前后左右都有什么，只觉得透骨凉的水往身上各处浇。他什么也不知道了，只茫茫地觉得心里有点热气，耳边有一片雨声。他要把车放下，但是不知道放在哪里好。

这里一口气连用四个"不能……"，四个"不知道（不晓得）"，接连袭来，真实地、恰如其分地描写出雨势凶猛，以及祥子在暴雨下难以忍受、艰难挣扎的形象和心理活动。假如改为"不能抬头、睁眼、呼吸"，"一切都不知道"，便会觉得只是在笼统叙述，缺乏强烈而真切的感受。

有学生在写"愤怒"时，这样描写：

脸色泛出愤怒的红色，眼睛似乎要喷出火来。

我建议她增添一些动词，于是改为：

双眼瞪如铜铃，脸涨得绯红，牙齿之间打磨着，两道剑眉倒竖起来，气息也渐渐喘快，似乎只要有一根带着火星的火柴，就能将整个人引燃起来。

再次建议她增加一些夸张的词，于是又改为：

整个人随着急促的呼吸起伏着，双拳紧握，指节早已被握得发白，发出"咯吱"的响声。留得寸许长的指甲，因为用力脆生生地断在了手心中，双眼犹如冒着火的大火球，瞪如铜铃，似乎看到哪儿，哪儿就要烧起来，鼻孔愤怒地伸缩着，令人生畏，整个躯体似乎像着了火，只要温度再上升一点，整个人就要燃烧起来了。

一句三写，用词点亮句子，句子因词而熠熠生辉，学生在修改的过程中体会到了语言表达层级上的差异和效果上的不同。

　　教学中，教师不但要慧眼识"词"，而且要能窥一斑而知全豹，观滴水而知沧海。正如叶圣陶先生指出的那样："咱们跟作者之间的唯一的桥梁是语言文字，咱们凭借语言文字了解作者所想的所感的，……注意他怎样运用语言文字，同时就训练了咱们的语言文字的习惯。"

　　作为语言形式之一的句子，其隐藏的奥秘在召唤我们带领学生去一探究竟，抵达"心领神会"的境界。如果我们能像余映潮老师所说，既"能从教材中进行足够数量的聚集"，又能"发现语言表达的优美模式"，这样的引导，会让学生学起来事半功倍，用起来得心应手。

第一辑

不教什么：从"细读"到"细教"的追问

阅读教学的第一要务是文本细读，但又不能仅仅停留在"细读"层面，从"细读"到"细教"的课堂转化，这是语文教学的应有之义。因此，第二要务则是做"减法"，让文本可教、可学、可操作，实现从原生价值到教学价值的华丽转身。

有时，追问"不教什么"可能意义更大。

一、拒绝格式化的标签语言

如今，文本细读的成果铺天盖地，加之教师自身文本解读的种种有价值的东西，可谓"千树万树梨花开"，但这些"好东西"，是否都要拿到课堂上去，或者说拿哪些到课堂上去，则要斟酌损益。

比如，对鲁迅笔下的长妈妈，解读的材料遍地皆是，这些都可以作为教师对文本进行解读时的参考，但在教学时是否合适运用，则需费思量。一位老师执教《从百草园到三味书屋》，出示了网上一段关于长妈妈的解读的文字：

鲁迅先生将她（指长妈妈，笔者注）置入文中，其一在于批判故事的不科学性，讽刺旧式农民的无知和愚昧；其二才是他真正的用意所在，那就是对乱世中那些"披着羊皮的狼"、裹着华彩外衣的恶鬼般的"美女蛇"的大胆的揭露，他提醒善良、敢于战斗的人们一定要警惕周围有可能对自己造成的危害，要勇敢地前进而又不要过分地相信别人，要找到真正值得信赖的、有共同目的和信仰的伙伴。这样，才能使自己的力量和同志们的力量凝合到一起，从而形成力大无比、金光闪闪的"飞蜈蚣"，去消灭一切黑暗、凶残的恶势力。鲁迅先生在"闲静"中对自己以往的战斗生活有了深刻的体察、总结，从而为以后新的战斗做好充分的准备。

这段文字，充斥着假大空和戴帽子的话语风格，如果不假思索地把这些文字带入课堂，则显得不伦不类，贻害无穷。这种贴标签式的解读，对学生的语文学习和精神成长没有益处，应该果断地远离。

又比如，鲁迅笔下的寿镜吾先生，在不少人的眼里或参考资料中就是一个古板守旧、不苟言笑、严肃的"封建教育"代言人，他的教育方式"无聊""落后"。这种解读，在"斗、批、破"的背景下，义正词严，不容置疑。也许，有人可以从文中的蛛丝马迹找寻到根据，但是，如果我们读一读孙绍振先生下面这些文字，也许会修正自己的一些"理念"的：

鲁迅写他的老师，笔墨也是幽默的。先生教学法，很简陋，似乎没有什么启发兴趣的办法，一天到晚让学生读个没完，而且，鲁迅特别强调，学生对于所读的内容，完全是死记硬背，根本莫名其妙。这样的读书不是很枯燥吗？这样的先生不是很可恨吗？在心灵不开阔、趣味不丰富的作者笔下，可能是这样的。但是，鲁迅是个人道主义者、艺术大师。他只是把教师的教学法写得很"菜"，却没有把他的心写得很"菜"。鲁迅突出写了他教书没有什么真本事，但是，又渲染他自己读书很投入，简直是如痴如醉。他所读的文章明明很平常，他却沉醉在自己的营造的境界之中："读到这里，他总是微笑起来，而且将头仰起，摇着，向后面拗过去，拗过去。"用还原的方法想象一下：如果不是在艺术中，而是在生活中，一个空有渊博、宿儒之名，教书却无方的人，说刻薄一点，是误人子弟的，令人厌恶的。但是，我们读到他如此沉浸在自己的境界之中，是不是也会觉得这个老头子，也有挺好玩的、挺可爱的一面？鲁迅通过"渊博""宿儒"等等的词语，所传达出来的对于小人物的人道主义的宽容，不是跃然纸上了吗？

上述文字，给我们的启示在于，读这篇文章，我们应凭借作者刻画人物的语言，去欣赏作者一生最难忘的两位老师之一——寿镜吾先生的形象。

拒绝格式化的标签语言，就是说，教师要有披沙拣金、爬梳剔抉的眼力，先要把教材"读厚"，再要把教材"教薄"，把那些格式化的、僵化的、标签式的解读删除，从中选择适合课堂教学的内容而施教。核心价值在哪里？当然是学习语言文字的运用了。

二、坚持"个性"而不"任性"

老师的个性化解读会给学生潜移默化的影响。从这个意义上说，"什么样的老师培养什么样的学生"是一件非常有风险的事情。——倘若，老师的解读本身即有问题，如何让学生规避这种学习带来的风险呢？

王荣生教授举过一个课例。

一位老师教学《绝版的周庄》时，"从标题入手，咀嚼作家深沉之思"。在这一教学过程中，师生把"绝版"定位在"独一无二，不可复制"的意义上，把周庄的现实困境当成是散文的主要内容，把散文中暗含在轻描淡写中的一点思索、一线忧虑情感看成是散文的主体情感。因而，在教学内容的选择中，讨论作者对于周庄"绝版"所带来现实困境的担忧与思考，成了发掘散文标题意义的主要方向，这混淆了写景抒情散文与学者散文的体式特征。

王教授的这一番话表明，这位老师在文本解读中，误将"绝版"与文本中的一些并不重要的信息相混淆，而"留在读者心头的是作者对纯秀、古朴、典雅的江南小镇深深的赞美与喜爱之情，挥之不去的是周庄似一位衣裙素净、顾盼生辉的江南丽人形象"的主流情感却被消解了。也就是说，文本的内涵还是"对周庄的赞美与喜爱"，而不是对周庄"绝版"的哀叹。换言之，中心词应该是"周庄"，而不是"绝版"。王教授还提醒我们：在理解"绝版"意义的教学过程中，教师应该引导学生从作者笔下的一景一物的特点入手，而理解这些景物需要老师引导学生体味生动形象、富有感染力的散文语体，从具体的语句用词、修辞手法中感悟周庄的特点与渗透于这些特点中的关于"绝版"的意义。

误读文本导致教学出现偏差的情形屡见不鲜：教学新闻《神舟五号飞船航天员出征记》，不带领学生去探讨新闻体裁的及时性、真实性特点，却在航天飞船升天的宏大意义上纠缠不清；教学散文《济南的冬天》，不对作者对济南冬天的个性化情感进行追溯，却在比喻等司空见惯的修辞手法上简单重复；教学泰格特的小说《窗》，不在"情理之中又出乎意料"上去发现情节设置的巧妙之处，却执著于那个窗外的美景是真实的还是虚假的……

概言之，文本细读，并不是跟着感觉走，而是有一定依据、方法、路径。以前的文本解读，常常是奉教学参考书为圭臬，不敢越雷池半步，亦步亦趋地跟着参考走，教师充当着贩卖答案、转述观点的角色。因而，能有老师对教参反叛，应该视为一种进步。但我们也不能从一个极端走向另一个极端。有些所谓"个性解读"，其实是教师个性的展示，而不是着眼于学生的个性发展。

褚树荣先生指出："现在看来，文本细读这个概念被滥用被误读了。具体表现有：不问缘由，无端地抓住一句话一个词翻来覆去地'细读'，也不管细读之处是否'关键'；不顾语境，断章取义，攻其一点不及其余，不把细读点放到上下文甚至全篇中去考察；不讲根据，过度阐释，有专家学术性的'掉书袋'，有政治化的僵化拔高；不讲联想和体验，纯粹利用所谓品读、比较、改写、概括、填空等等手段在语言表面和教学形式上玩'花样滑冰'，言、意、象、旨、情融不到一块……"

褚树荣先生的棒喝，足以令语文老师警醒！

三、时间不允许的，暂时搁置

每逢公开课，教师几乎想把自己所能教的内容全都展示出来。可是，这样的美好愿望常常都是无法实现的。

其实，任何一节课，都不能毕其功于一役。我们要保证一节课中学生的"学的活动"能充分展开，首先要保证学生在课堂里有相对完整的、比较充分的学习时间，也就是说，一节课的核心内容，要有足够的时间保障。所以，无论内容多么丰富，设计多么精彩，也必须考虑到单位时间里的效率，这不过是一道简单的数学题而已。也许能"迁移""拓展"的内容多，但在我看来，不少的迁移、拓展都是无边无际、信马由缰。何不删繁就简，直奔要害！

而且，课堂也要尽力做到疏密有致，留下适度的空间。

四、学生暂时无法理解的，放下

细教的立足点，应该是"学"。

有老师因自身阅读、阅历的优势，占有很多文献资料，常常忘记了面对的是"学生"而自顾自地讲得天花乱坠，把课堂当作个人表演的舞台，学生除了肤浅的羡慕、惊讶外，如坠五里云雾，根本不知所云。语文教师自然需要站得高看得远读得深，但教师还需要俯身，把自己的"解读"转化为学生"学"的"支架"。如果学生一时无法理解，那就要舍得放下，毕竟，教学是一个慢慢的过程。

钱梦龙老师在《教学细节，细而不小》中记录了这个教学故事：

有一次我教学《故乡》，在讨论到闰土的形象时，有个学生突然提出了的一个"横炮"式的问题："鱼怎么会有青蛙似的两只脚？"这个问题显然没有什么讨论价值，而且也讨论不出任何结果来。如果我对这个学生说，"这种问题有什么好讨论的，以后提问要动脑筋"，肯定会使这个学生满脸羞愧地坐下，严重的挫折感将使他以后再也没有提问的勇气和兴趣。怎样既保护这个学生提问的积极性，又使这个没有什么价值的问题产生一点积极效果呢？于是我问大家："是啊，鱼怎么会有青蛙似的两只脚？你们知道吗？"学生当然都不会知道。我又说："但有一个人知道，是谁啊？"学生齐声回答："闰土！"我顺势追问："这说明什么？书上是怎样写的？"学生说："这说明少年闰土见多识广。"又有学生补充："说明闰土心里有无穷无尽稀奇的事！"一个本来没有什么讨论价值的问题，经过这一"导"，却加深了学生对少年闰土形象的理解，消极因素转化成了积极因素。

钱老师的目的是，在不伤害学生自尊心的前提下，避免在课堂上纠缠于无法解决的"横炮问题"。于是他巧妙地把学生的思维拉到文本中"少年闰土"的形象赏析上来。

前些年，在北京召开的"全国著名中青年特级教师课堂教学艺术大展示"观摩活动中，魏书生老师给初一学生上高中课文《人生的境界》。一个学生站起来问："老师，禅宗是怎么回事啊？"魏老师说："这个问题比较复杂，不是一两句能够说清楚的，像禅宗的境界，他的观点，都不是你们能够理解的。今天就不说了。"

魏老师的智慧就在于，这个问题，在这个特定的场合给特定的初一学生讲清楚是无法做到的，既然如此，放弃是最好的选择。如果魏老师不顾学生实际而强灌，以尊重学生的名义，教了不适合的内容，效果恐怕是虽面面俱到，却浅尝辄止。

像钱老师课上的"鱼怎么会有青蛙似的两只脚"，魏老师课上的"禅宗是怎么回事"之类的问题，实属在课堂上老师讲了学生也不能搞懂的问题，虽然有深度，但是超过了语文课程要求，超过了学生的认知水平，不宜在当节课解决。两位名师的课例启示我们，学生的语文学习是终生的，不要奢望一节课就解决学生的所有问题。该放就放，别让语文不堪重负。

五、学生自己能解决的，不教

学生已知的，一望而知的，能自己学会的，自己不能学会经过同学之间相互研究也可以学会的，学生不会的经过老师的教暂时也不能学会的，这些内容都属于不该教的。

比如《散步》中的亲情、《背影》中的父子情、《人琴俱亡》中的兄弟情，这些不过是基本人伦，正常人都是具备的，学生也基本能一读便知，语文老师就没必要在这些肤浅的文字表面滑行。相反，值得我们教的是，同样是写人之常情，为何《散步》《背影》《人琴俱亡》却具有了非凡的魅力而铸成经典？这就把学生的思考，从"是什么"引向了更加深刻的"为什么是这样"的语文教学内核上去。

余映潮老师在教学《三峡》时，为了让学生自主地赏析领略到文章的精妙，做了精要的选择与指点，为学生圈定了最为精彩的第三段。然而欣赏文章的角度五花八门，对于初二的缺乏自主欣赏能力的学生而言该从哪个角度入手呢？

我们来看余老师在"欣赏"环节的过渡语：

欣赏。欣赏什么呢？看要求。（投影出示）用"精段品读"的方法品味文中的美点。话题是"我们一起发现第三段文字的表达之美"，我们都要围绕这个话题。春冬之时这一段美在哪里呢？你要分析。比如说，有没有写动景写静景的动静之美？有没有写高处景色写低处景色的高下之美？有没有色彩之美？有没有线条之美、镜头之美？你都可以说，开始思考。

短短的几句话，余老师为学生圈定了段落：第三段；明确了话题：第三段文字的表达之美；进行了点拨：动静、高低、色彩、线条、镜头。由此学生会受到启发：是不是还有其他的角度呢？这个看似无意的点拨对这个环节的成败起着至关重要的作用。

要言之，大凡不能作用于"学生的学"的解读，不教，至少暂时不教！

第一辑

分享语言：散文阅读教学的关键

有人戏称，一般人四十岁以前是读不懂散文的。这话虽有偏颇，但不无道理。因为散文往往是作者有着丰富人生经历后得之于心而寓之"文"也。对于十多岁的中学生而言，这一切都未曾经历，有很远的时空距离，想透过文字把握其情感难免捉襟见肘、隔靴搔痒。不少学生坦言，喜欢读读散文，也爱写写散文，散文阅读课，却不太喜欢。很多老师也是情感复杂，既喜欢教散文，又常常觉得散文教学如镜花水月般看得见摸不着，颇有"盲人骑瞎马，夜半临深池"之感。如何教散文？王荣生教授说："散文阅读，即鉴赏'文学性散文'，其要领可以归结为一句话：分享作者在日常生活中的人生经验，体味精准的言语表达。"本文试就散文教学中如何分享作者的语言，谈谈一些思考。

一、从作家"自己的句子"入手

散文都有鲜明的个性化标志。要读出作者个性化的言语特征，就要读懂作者"属于自己句子"。

例如：

"看吧，山上的矮松越发的青黑，树尖儿上顶着一髻儿白花，好像日本看护妇。""看吧，由澄清的河水慢慢往上看吧，空中，半空中，天上，自上而下全是那么清亮，那么蓝汪汪的，整个的是块空灵的蓝水晶。"（老舍

《济南的冬天》)

"看,像牛毛,像花针,像细丝,密密地斜织着,人家屋顶上全笼着一层薄烟。"(朱自清《春》)

"看,那个巨人还在跑呢!"(巴金《繁星》)

"你看,麦子刚刚割过,田间那挑着七八片绿叶的棉苗,那朝天举着喇叭筒的高粱、玉米,那在地上匍匐前进的瓜秧,无不迸发出旺盛的活力。"(梁衡《夏》)

这一组句子,老舍用"看吧",朱自清用"看",巴金用"看",梁衡则用"你看",而且,老舍在这篇短短的散文中用语气词"吧""呀""呢"的句子达12处之多,老舍与其他作家的语言风格迥异可见一斑。我们可以借助对比朗读来品味老舍京味儿语言的亲切、温暖的情致和清新、爽朗的韵味,所谓合适的文字表达了合适的情感,对济南的独有之情就不难理解了。郭沫若《石榴》一文中,"红玛瑙的花瓶儿由希腊式的安普剌变为中国式的金罍,殷、周时古味盎然的一种青铜器"一句,凸显了作者文学家兼考古学家独具的形象思维。与学生一起品读"红玛瑙的花瓶儿""希腊式的安普剌""中国式的金罍",由这几个短语,可以感受到作者在描摹单瓣花成长的"一段妙幻的演艺"时,对石榴的欣赏、喜爱之情。

著名作家陈忠实在接受采访时说:"作家倾其一生的创作探索,其实说白了,就是海明威这句话所作的准确又形象化的概括——'寻找属于自己的句子',那个'句子'只能'属于自己',寻找到了,作家的独立的个性就彰显出来了,作品独立风格也就呈现出来了。因为对于世界理解、艺术追求的差异,每个作家都有自己的艺术景观和风貌,也便都有自己的句子。"散文教学中,让学生读懂了作家"自己的句子","披文入情"也便有了合适的路径。

二、从表达"情路"的语言入手

散文的"情路",即作者的情感脉络,往往潜藏在文章的词句中。提取这些表达情路的语言,就容易把握作者的情感脉搏,理解文章的主旨。

品读贯穿全文的标志性语言,梳理作者的情感脉络。教学《白杨礼赞》,绕不开这样一组句子:"白杨树实在不是平凡的,我赞美白杨树!""那就是白杨树,西北极普通的一种树,然而实在不是平凡的一种树。""这就是白杨树,西北极普通的一种树,然而决不是平凡的树!"这一组句子,贯穿全文的"神"就是反复出现的短语"不平凡"。教学时,请学生把这几个句子组团"联读",可以把握到作者情感层层递进的跃动旋律。

品读直白的语言,感受作者"爱我所爱"的情感。梁衡《夏》的最后一句"我却要大声赞美这个春与秋之间的黄金的夏季",郭沫若《石榴》第一段中的"石榴树便是这少数树木中的最可爱的一种",周敦颐《爱莲说》中的经典名句"予独爱莲之出淤泥而不染,濯清涟而不妖,中通外直,不蔓不枝,香远益清,亭亭净植,可远观而不可亵玩焉",这些句子,作者各自用"我却要大声赞美""最可爱""予独爱"表达了对夏、石榴、莲的喜爱、赞美之情,你喜欢或者不喜欢,"我的爱"就在那里。我们所能做的,不是"占有"和"具有"作家情感,甚至未必认可,而是经由语言文字,去分享、体察作者独有的情感。正如王荣生所说:"正因为经验之独特,正因为作者的经验与我们之不同,我们才需要去读作品,才能够通过其散文,感受、体验、分享我们在日常生活中所没有、所不可能有的人生经历和经验,才能够通过阅读,丰富和扩展我们的人生经验。"

品读细微变化的语言,感受作者的情感由少至多、由平淡到高潮的渐变,甚至曲折的过程。宗璞的《紫藤萝瀑布》开头写"我不由得停住了脚步",结尾则是"我不觉加快了脚步"。教学时,我们可以发问:"从停住脚步"到"加快了脚步",作者经历了怎样的心路历程?学生走进文本,探幽揽胜,从而明确:开头因为被紫藤萝繁茂旺盛所吸引,起笔突兀,引人入胜,引起悬念;结尾是因为被紫藤萝花的活力所感染所催促,照应开头。这两句使文章结构完整,并深化了主题。《幽径悲剧》中有五个表现作者情感转折的句子,正是借助了句首五个转折连词"然而(但是)"把情感的变化过程烘托出来。教学时可引领学生捕捉文本中的这几个表示转折的连词词语,提纲挈领,便可顺利理解散文谋篇布局的匠心独运以及作者情感的跌宕起伏。

叶圣陶先生在《语文教学二十韵》中说："作者思有路，遵路识斯真。"散文是当人生境遇与花草树木日月星辰猝然相遇时，从心田里涌出的一泓清泉。散文教学，理应让学生通过这些表达情路的语言，去与作者悟对凝望，分享作者的人生经验，体会情动而辞发的妙处。

三、从"关键处"语言入手

王国维在《清真先生遗事》中说："惟诗人能以此须臾之物，镌诸不朽之文字，使读者自得之。遂觉诗人之言，字字为我心中所欲言，而又非我之所能自言，此大诗人之秘妙也。"王国维所说的"秘妙"，迁移到散文中就是那些句式优美、涵义深刻、善用修辞、炼字炼句的"关键处"语言。散文教学当然也离不开对语言"秘妙"的寻获与品味，不仅要知其然，还要知其所以然。

如有的语言形式优美，要能"因声求气"。散文中有的句式长短相间、参差错落，声韵抑扬顿挫、高下缓急，要通过感受、揣摩、推敲语言的节奏、韵律来把握作品的精神，领会到作品的"神气"。《错过》中的"错过，即'有所失'，我们要习惯它。错过，也往往构成另一种得，我们要品味它"，作者用两个结构相同的短句成段，句式整齐，表达了作者对"错过"的态度。教学中应带着学生去读出铿锵有力的韵律和节奏之美，从而体会散文语言隽永含蓄、耐人寻味的妙处。

如有的语言运用反语等修辞手法，可以通过"还原"来悟得作者的用意。如《背影》中"我现在想想，那时真是太聪明了"的"聪明"一词就是反语，在句子中的意思是"愚蠢"，是说自己年轻时未能体察到父爱，反而自作聪明，真是太愚蠢了。《藤野先生》中"每当夜间疲倦，正想偷懒时，仰面在灯光中瞥见他黑瘦的面貌，似乎正要说出抑扬顿挫的话来，便使我忽又良心发现，而且增加勇气了，于是点上一枝烟，再继续写些为'正人君子'之流所深恶痛疾的文字"，其中"正人君子"的意思就带有强烈的讽刺意味。《幽径悲剧》中"我是一个没有出息的人"的"没有出息"，并非真的表示自己没有成就和建树，而是对"愚氓灭美"极其悲愤的反语，表达了对无情无义的毁灭美的无知愚氓的强烈谴责。还原这些短语的深意，往往就是理解文本的一把密钥，掌握了它，可以打开作者情感内核之门。

　　有的语言一字千钧，可以通过上下勾连来推敲其精准妥帖。《幽径悲剧》如果止步于"藤萝毁之于愚氓"的解读，显然是把作者误作为一个冷眼旁观者，以为作者仅是发发牢骚与哀叹，为紫藤萝的悲剧而痛苦。其实不然，最后一段写道："但是，我愿意把这个十字架背下去，永远永远地背下去。"其中一个"背"字，遣词造句可谓用心良苦，昭示了自己面对"幽径悲剧"并不消沉，而是从个人情思上升到对人生、社会、时代的思考。从"悲"到"背"，读到的是一个倔强的老人，将永不放弃揭露悲剧、维护真善美的责任和矢志不渝的决心，思想感情达到一个制高点。教学时，要引导学生在这些精准妥贴的语言中"爬梳剔抉，参互考寻"，领悟作者寓情思于字里行间的遣词造句之功。

　　散文本身固然有着许多难以捉摸的因素，但终究是一个教学文本，有其独特的教学价值。语文教师不应自我放逐，"以其昏昏"幻想"使人昭昭"，而应努力摸索出符合散文文体特征的可教可学的思路来。"语言有滋味，作者有情调"，以深耕细读的姿态，分享作者的言语表达，分享作者独有的人生感悟，这是散文教学乃至于语文教学的重要任务。

第一辑 细品标点滋味长

标点符号是书面语言的有机组成部分，是书面语言不可缺少的辅助工具，它可以帮助人们确切地表达思想感情和理解书面语言。可惜的是，阅读课上，老师们喜欢把目光聚焦于字词句篇上，对文中用得精准的标点符号关注却比较少。也有老师会结合知识短文进行标点符号教学，但大多只是在语言训练时"改正错误的标点符号"而已。一个不可忽视的严峻现实是，学生写作普遍不重视标点符号的运用，书写不规范，种类运用单一——除句号、逗号、感叹号外，其他的诸如破折号、省略号甚至双引号都用得非常少，一个段落"一逗到底"的现象也比比皆是。学生不能借助多种标点符号来表达丰富复杂的情意，与我们日常的语文教学中对标点符号的"忽略不计"，存在一定的关系。

阅读教学中，我们理应让学生品读出标点的滋味和妙处，体会灵活运用标点符号带来的情感意蕴，学习准确运用标点符号。

一、品读句子的形式——"句因标点而精彩"

标点符号和文字的相辅相成，常常会构造出一个令人过目不忘、形式特别的句子，可谓"句因标点而精彩"。后人在文言文断句时也常常借标点让一些句式凸显鲜明的特征，值得细读。如《愚公移山》中的"甚矣，汝之不惠"，通过逗号，将"汝之不惠"后置，变成一个倒装句，淋漓极致地表现了智叟对愚公的嘲讽意味。吴均《与朱元思书》："鸢飞戾天者，望峰息心；经纶世务者，窥谷忘反。"用逗号、分号、句号营造出一个骈散结合的句子，形式对仗，整散兼具，读来有韵味。这样的句式，现当代文章中也时有出现，如：

小草偷偷地从土里钻出来，嫩嫩的，绿绿的。（朱自清《春》）

山坡上的芊芊细草长成了一片密密的厚发，林带上的淡淡绿烟也凝成了一堵黛色的长墙。（梁衡《夏》）

我的母亲要走大路，大路平顺；我的儿子要走小路，小路有意思。（莫怀戚《散步》）

上述例句，只是运用普通标点，句子却因此而画龙点睛，要么骈散结合，要么基本对仗，要么句型变式。教学时让学生比较阅读，如将"小草偷偷地从土里钻出来，嫩嫩的，绿绿的"改为"嫩嫩的绿绿的小草偷偷地从土里钻出来"，所表达的效果有何不同？在品读中，学生体会到，用逗号把修饰语独立成小分句，将它们后置或前置，起到了强调的作用；多用逗号，变长句为短句，在朗读时停顿多一点，显得节奏感更强，音调铿锵，还能表现春天景物充盈着的跃动活力，有利于表达春天来临时人们喜悦而欢快的情感。

学生在阅读时掌握了这些方法，领悟了其中的奥妙，迁移到写作，也会让自己的文章句子形式更加丰富，内容更有味道。一位同学描述运动会场面时写道："运动会正在精彩进行中，有的跑步，有的投掷，有的跳远。"我建议他将句子展开来描写，用上适当的标点，于是改为："'运动会正在精彩进行中：有的跑步，猛然加速，冲过红色终点线；有的投掷，奋力一挥，打破远处记录线；有的跳远，蓄力一跃，划出完美抛物线。"一学生写道："我中午吃了一碗味道很好的面。"我提醒后改为："我中午吃了一碗面，味道很好。"一学生写道："迎面走来一个帅小伙。"我建议改为："迎面走来一个小伙子，帅！"

我们一方面要引导学生在诵读中走进意境，去感受、体验文章珠落玉盘的音律美，一方面也要让学生进行合适的语言实践，在实践中丰富语言的表达形式。

二、玩味标点的多样——"情因标点而丰富"

一些经典文本中,作家仅用几个不同标点就能恰当地表达人物复杂的内心世界,此时无声胜有声,含蓄蕴藉,真是"情因标点而丰富"。

鲁迅的《故乡》中第32段和第57段,形式完全一致,简短的句子中竟然用了五个标点符号,可谓小小标点,大大意蕴。上课时,我和学生一起这样来研读:

生:(读第32段)这好极!他,——怎样?……

生:(读第57段)啊!闰土哥,——你来了?……

师:请看第32段和第57段,把这两段联系起来,你发现了什么?

生:句式一样,都用了五个标点符号,相对应。

师:我们结合上下文来讨论讨论。

生:第32段的背景是"我"听到"母亲"说闰土要来后的一番话。

生:感叹号用来表示即将见到儿时伙伴的激动和兴奋。

生:逗号,表示记忆一下子激活,把儿时伙伴从20多年前的记忆中拉回来,稍作停顿。

生:破折号,表示一种情感的转折,从惊喜转为对闰土的关切。

生:问号,表示询问,表达对闰土的关切之情。

生:省略号,表示想关心闰土的地方太多了,不知从何问起。

师:用这个方法来赏析一下第57段中的几个标点符号的意义。

生:感叹号,表达了"我"见到闰土时兴奋激动的心情,以及惊讶的神态。

生:逗号,表示一种亲切的情感,脱口而出,叫闰土为"哥",不忘儿时友谊。

生:破折号,表示转折,儿时的闰土,活泼、开朗、神气、机智、勇敢,而看到了眼前的脸色灰黄、皱纹很深、眼睛肿红、头顶破毡帽、身着极薄的棉衣、手提长烟管、手像松树皮般粗笨开裂的闰土，一下子还无法接受。

生：问号，表示"我"对出现在眼前的闰土竟有天壤之别的惊讶，不敢相信。好像在问："你是闰土吗？""你就是我小时候的好伙伴闰土吗？"

生：省略号，表示对眼前闰土不知所措，有千言万语，不知从何说起了，因而语言也显得语无伦次、吞吞吐吐起来。

师：是啊，每一个用得精当的小小标点符号里，都蕴藏着无穷的意蕴，值得我们咀嚼再三。有同学写作文连标点符号运用规范都不会呢，以后可得多加注意，不可掉以轻心。

这五个标点符号，在表达上更加准确、简洁、鲜明、传神，甚至达到文字不能达到的效果。

李卫东老师在执教《故乡》时，和学生一块儿抓住文章中的标点，分析闰土、杨二嫂的话语方式，启发学生通过标点来分析人物形象特点。少年闰土话语中的省略号表示"话"说不完，省略内容，肚子里有没完没了的故事。中年闰土话语中的省略号，则表示木讷、断断续续、吞吞吐吐、欲言又止等等，体现了中年闰土的"失语"。又启发学生找出杨二嫂的话语"胡子这么长了！"，发现其中的感叹号，发现话语特征是"颠语"。

李老师讨论的是"从人物话语方式的角度来确立教学内容"，但是，我们从中可以读到另一个意外收获：人物话语方式的准确、传神表达，可以借助小小标点来实现。

琢磨这些极富个性化的标点和句式，能从中品味、感受作家的匠心独运，加深对文本的理解。

三、替换不同的标点——"意因标点而丰厚"

《论语·第八章·泰伯篇》中有"民可使由之不可使知之"，后人因为句读的不同，导致意义的理解大相径庭，千百年来争议不断。如果孔子时代有标点的话，估计这个歧义就不复存在了。可见，标点符号的有与无、此与彼，意思也随之改变。教学时，我们不妨通过增删替换标点的方法，带领学生咂摸出"意因标点而丰厚"的魅力。

于漪老师教学《晋祠》有一个经典的教学片段：

师：文章首先说明优美的自然环境。晋祠的美在山，在树，在水，这是——

生（集体）：总说。

师：晋祠的美在山、树、水，可不可以？

生（部分）：可以。

师：为什么要写"在山，在树，在水"？为什么？

（学生议论纷纷，举手。）

生：用排比的方法写，加强了语气。

师：加强了语气，在山，在树，在水。

生：这样写有气势，读起来上口。

师：有气势，读起来上口。

生：给作者的印象比较深。

生：（笑）怎么是作者？

师：作者？

生（集体）：读者。

生：我还要补充一句，晋祠的美在山，在树，在水，有一定的顺序，是由高到低的。

师：对不对？说明顺序很清楚，由高到低。还有补充吗？山怎样？

生（集体）：巍巍的。

师：再看课文，把晋祠——

师、生（集体）：抱在怀中。（师做了一个"抱"的姿势）

师：因此它的顺序是什么？

生（集体）：由外到内。

师：在山，在树，在水，读起来有气势，而且上口，用排比的写法是好的。

异曲同工的是，一位老师教学《湖心亭看雪》时，这样让学生品读：

师：同学们，如果把"天与云与山与水，上下一白"中的三个"与"字去掉，就变成"天、云、山、水，上下一白"，表达效果如何？

生："与"是连词，就把那"天山云水"连在一起了。

生：我认为顿号也可以有这种连在一起的感觉。

生：顿号就多多少少有停顿了，而"与"让眼前的事物紧紧相连，密不可分。

师：这样有一种无缝对接的感觉，是吗？

生：而且三个"与"字，给人以天地苍茫浑然一体的感觉，而顿号就好像是有明显的界限。

生：加顿号，仿佛变成了四幅各自独立的画面。

师：这样也就破坏了苍茫迷蒙的整体美，表现不出磅礴浩渺的气势。大家再读读，从语感上来品味一下。

（学生读，感觉原句读起来语气连贯，有一种音韵美，而改句读起来一顿一顿的，有些生硬。）

上述两则教学片段中，标点符号的去留，各因表达需要，不可一概而论。教者不是漫步云端隔空高谈，而是紧紧扣住文本的细微字词甚至标点和学生一起品味咀嚼，可谓四两拨千斤。

四、巧把标点当"支点"——"课因标点而有路"

把标点符号当作教学的"支点"，可以撑起整篇整课的阅读教学，让"课因标点而有路"。

有时，标点符号可以作为教学中的一个"趣点"，激发学生的阅读兴趣。张彬福老师执教《桃花源记》时，不给学生看注解，而且屏幕上的《桃花源记》也没有标点。先让学生看着屏幕抄写没有标点的原文，再让学生自由朗读、断句标点，然后辅导学生理解词义句意、疏通全文、翻译全文。

学生有任务可做，有疑难要解，学习兴趣高涨，学习氛围浓厚。

有时，标点可以作为阅读教学的一个"燃点"，点起学生的思维火花。2016年4月14日，肖培东老师应邀在我校执教了布丰的《松鼠》一文。他以文章首段中"松鼠是一种漂亮的小动物，驯良，乖巧，很讨人喜欢"为抓手，把句子进行变式，引导学生分别品读其中的不同意味。下面是笔者现场记录的教学片段：

【PPT 出示】

①松鼠是一种漂亮的小动物，乖巧，驯良，很讨人喜欢。②松鼠是一种漂亮、驯良、乖巧、讨人喜欢的小动物。

师：对比一下，改了以后怎样？

生：第一个句子的中心是"讨人喜欢"，第二个句子的中心是"漂亮、驯良、乖巧、讨人喜欢"。

师：第一个句子把"很讨人喜欢"单独陈列，这样大家一读就知道松鼠很讨人喜欢，而第二句"漂亮、驯良、乖巧、讨人喜欢"是并列关系，是这个意思吧？有一定道理。再考虑一下，还有没有别的？

生：第一句中的"讨人喜欢"，是对"漂亮、驯良、乖巧"的概括。第二句"漂亮、驯良、乖巧、讨人喜欢"就有重复了。

师：你的意思是说，后面的"讨人喜欢"是对前面内容的重复，也有道理。如果从标点上来看呢？要好好研究的。

生：没想好。

师：那跟旁边的同学一起想一想，请坐。第一句话中间的标点是什么？

生：逗号。

师：第二句话中间用的顿号。为什么要用逗号？（学生无反应）你读出来就知道了，自己读。（生读）

生：第一句话用逗号，中间停顿时间长一些，把每一个词语单独列出来强调了一遍。第二句用了顿号，感觉这四个词语像是单项式一样连在一起。

师：说得真好！用逗号，每个词就意味深长，充满了感情。

有时，对于标点符号还可以设置一个"疑点"，用好这个可遇而不可求的教学资源，也会对学生的文本解读发挥以简驭繁的作用。如，刘心武的《错过》中有这样一段：

一念之差中，失之交臂了吗？有时我们虽然错过，只要我们立刻意识到了，并立刻追上前去，力挽狂澜于既倒，我们多半也还可以使错过转化为掌握；问题是我们往往在立即意识到了以后，竟滞涩、凝结住了我们的行动；这样的错过，则几近于过错。

这段话中用了两个分号。按照文章的意思，第一个分号前，讲的是意识到错过后，立即采取行动，可以使错过转化为掌握。第一个分号后是讲，我们时常意识到了，却不采取行动，而是"滞涩""凝结"。二者是并列关系。而第二个分号后面所说的"这样的错过，则几近于过错"，是紧承后者的不良结果。由此，我们发现，教材中的第二个分号似乎用错了，应该用逗号，紧承上句道出这样的后果。换言之，本段其实应该用一个分号，否则，就会误以为"错过"有三种情形。这样，意思就比较明确，也就是作者分析了"意识到错过并立即采取行动"与"意识到错过却不采取行动"而带来的两种不同结果。教学时，我变错误为教学资源，不"错过"一次教学的机会，请学生仔细揣摩作者"希望表达的意思"与"实际表达的意思"之间的差异，悟出了标点与句子的搭配不同，文意有霄壤之别的情形。这个探究"疑点"的过程，不仅校正名家笔下的小小瑕疵，也加深了正确运用标点符号的意识。

标点符号常常被学生所忽略。一方面，文中标点符号貌不惊人；另一方面，与我们的漠然处之有关。教学时，我们要及时抓住标点符号与文字配合得天衣无缝的句子，带着学生细细品味，探幽览胜，从中咂摸出不一样的味道来，学习规范地运用标点符号来表情达意，使语言表达文畅、词达、自然。

第一辑

关于波折的教学路径摭谈

小说教学中，往往绕不开波折的解读与分析。据我观察，小说波折的教学策略一般是：说出"这里有几个波折"，明确"一波三折"的效果是什么，等等。如此教学，只涉及情节的现象，从概念到概念地滑行，回答的是"写了什么"。至于情节的内在规律，也就是"怎么写"的问题，却没有任何解释，似乎还处于说不清道不明的状态。

教学中，如何让学生真正读懂波折，体味到审美效果？笔者以为可从这几个方面着手。

一、发现"源头"，走进波折"从'结'到'解'"的过程

波折的源头，往往是矛盾、错位、困难、障碍、"合理不合情"，正所谓，无风不起浪。如川端康成《父母的心》中，矛盾（"结"）就在于，贫穷夫妇有子女而无钱，贵妇人有钱而无子女；《孔乙己》的"结"，是孔乙己"站着喝酒而穿长衫"；《窗》的"结"是两个病人一个近窗一个远窗……这些矛盾，常常是实用价值与感情价值之间的某种不和谐、错位。

亚里士多德在《诗学》中说到悲剧情节有"结"和"解"。"所谓'结'，指故事的开头至情势转入顺境（或逆境）之前的最后一景之间的部分，所谓'解'，指转变的开头至剧尾之间的部分。"这里的"结"和"解"，就是波折的"源"与"流"。教学时，教师不要先去提问"这里出现了几次波折，有什么效果"，而要从学生的阅读起点处设问：故事的"结"在哪？学生的

视线聚焦于故事的发端，从而领略到，小说或溪水潺潺，或波谲云诡，各展风姿，蜿蜒崎岖，是因为作者巧妙地安置了一个"楔子"——波折的源头。

如教学《社戏》时，先请学生思考：看社戏一帆风顺吗？学生很快发现，小伙伴们遇到了"想看社戏而无船"的矛盾。"结"出现了，作者又是如何来"解"的呢？学生细读文本就会发现，双喜的一句"大船？八叔的航船不是回来了么"，化解了矛盾；在面对大人的迟疑的时候，双喜说"我写包票！船又大；迅哥儿向来不乱跑；我们又都是识水性的"，使得"外祖母和母亲也相信，便不再驳回，都微笑了"，矛盾又迎刃而解，"我们立刻一哄的出了门"。小说中的波折还在不断出现，情节总是出乎读者的预期：月夜航船时，急于看到社戏与误把渔火当赵庄的矛盾；看社戏过程中，社戏本身的无趣与看戏前充满期待的巨大落差；归来途中，偷豆的快乐与踏坏六一公公的豆而受责备之间的矛盾……可谓一波三折，波中有折，常常就在读者以为故事将就此结束时，又陡出奇峰。这些无处不在的波折，让小说情节不断变化，不断超出读者的期待视野，呈现摇曳多姿的情态，让小说无比的耐读好看，也让小说从看社戏这个线索上旁逸横生出许许多多的故事。

小说波折教学，首先要让学生知其"源"——作者如何设置一个"结"，发现源头处"仿佛若有光"，到"初极狭，才通人"，"复行数十步"，然后知其"流"——作者如何"解"开这个"结"。如此顺流而下，产生"好戏是这样炼成的"的豁然开朗之感。如果"不可知其源"，纵然面对情节运行的"斗折蛇行"，也只是"明灭可见"，隔靴搔痒，不得要领。

二、聚焦"折点"，感受波折跌宕反复之美

刚刚学习小说时，学生常常表示喜欢读并能说出诸如"三打白骨精""三打祝家庄""七擒孟获"、"刘姥姥三进大观园"等经典情节。如果追问一下：为什么会记得这些情节？学生回答：有趣有意思。再追问：怎么就觉得有趣有意思呢？学生摇头并坦言，从没想过这个问题。这就触及

阅读的实质性问题：因为写得精彩！

美学上有个共识，曲线比直线柔和，而且富于变化，因此人们常把曲线所产生的美感称为曲线美。同样的，故事情节之所以吸引人，就因为它有曲折之美，而不是同一方面、同一层次上的流水账。教学时，以"折点"（即转折点）为抓手，可以让学生真切地领悟到小说波折的密码和魅力，感受其跌宕起伏之美。

下面是我教学《变色龙》时的一个片段。

师：小说写了奥楚蔑洛夫的多次变色，如果只写一次变色行不行？

生：（迟疑地摇摇头）不行。

师：我把小说浓缩成这样一句话："一个警官，处理一个狗咬人的案子，因为狗主人的身份而改判。"感觉如何？（生笑）

师：大家比较后再讨论。

生：变的次数多了，就表明奥楚蔑洛夫的变不是偶然的，而是一以贯之。只写奥楚蔑洛夫的一次变化，变得不够充分，不能淋漓尽致地凸显警官善变的性格。

生：反复变色，次数增加了，让奥楚蔑洛夫变来变去，起到了强化其变色之快、过分的效果。

师：奥楚蔑洛夫的每一次变色都有一个转折点。你发现了吗？

生：作者写奥楚蔑洛夫也不是总面对一个人。从赫留金，到巡警，到围观的看客，到将军家的厨师，这些就是他一次次变色的转折点。

师：这个发现的背后有深意！

生：这些人也是随声附和，助纣为虐。

生：这些人身份不同，表现不同，表明了所有的人物骨子里都是一样的，都跟奥楚蔑洛夫一样趋炎附势、媚上欺下。

师：读到这儿，我们明白了，小说并不是对警官奥楚蔑洛夫一个人的嘲讽，而是对整个社会变态的一种鞭笞。他在整个社会链条中，也不过是一个小人物而已。而这些人的出场，又是小说波折的"折点"，从而使小说有了一波三折的效果。

这个教学片段，通过品读"一次"与"多次"、"一个人"与"多个人"的对比，学生体会到，奥楚蔑洛夫变来变去，反复无常，虽然重复着同样的问题"小狗的主人是谁"，但并不是一条直线或一条射线那样平坦地延伸，而是把现场中的赫留金、巡警、看客、将军家的厨师每一次对狗的身份判断，都当作一个"折点"，既成功制造了文似看山不喜平的效果，又折射出"对整个社会的一种鞭笞"的深刻内涵。

小说作者一般不会让人物选择捷径一口气跑到底，总会在某处放慢速度甚至停下来做点什么，忽东忽西，忽西忽东，反反复复，而就在一次又一次的否定之中，人性的复杂性得到了深入的揭示，思想也一步一步地变得深刻，故事本身的张力也正一步一步地得到加强。小说教学让学生获得这种体验，才算读出滋味来。

三、品析"变化"，领略波折的摇曳之态

尺水兴波，不仅形式上的次数多，而且有多角度构思，拒绝单一重复。教学时，应让学生分析随特定背景和情境而变化的波折，由表及里地领略其推动故事奔突向前，拓展主题丰富深刻的效果，以及扣人心弦的阅读快感。

在教学川端康成的《父母的心》时，我这样来安排：

师：孩子换了三次，请找出不一样的地方，想一想，为什么作者这样来写？

（生再读小说，勾画写法不一样的地方。）

生：前三次都是略写，最后一次详写。

生：三次调换，三种写法不一样。

师：具体说说。

生：三次去送的人不一样。第一次是夫妇同去送，第二次是父亲去换的，第三次是母亲去的，最后一次要回来，又是夫妇同去的。

生：三次要回孩子的理由不一样。第一次的理由是，把长子送人，不

管怎么说是不合适的；第二次的理由是，二儿子长相、嗓音极像死去的婆婆，把他送人，总觉得像是抛弃了婆婆似的；最后一次的理由是，她太小了，真舍不得，把不懂事的孩子送给别人，做父母的心太残酷了。

生：三次送孩子的神态不一样……

生：财主夫人三次态度不一样……

师：不一样的写法，有什么感受？

生：故事读起来一直在跌宕起伏中。

生：换来换去，体现了贫穷夫妇要回孩子理由的可笑。

师：这些理由成立吗？

生：都不是真正的理由，根本不能说服别人。

师：是啊，夫妇的理由越荒唐，越可笑，就越能构成反差，表达了什么？

生：父母对子女的爱。

波折设置的"多变"，并非表象上的机械"重复"，而是借助变化来让情节摇曳生姿。我们发现，有学生写的文章缺乏变化意识，平铺直叙，看了开头就大致猜到结尾，甚至是几个雷同情节简单叠加，读来味同嚼蜡。这与波折教学一直在门外徘徊不无关系。让学生品析波折变化之处，深入到情节内部去一探究竟，既有助于学生由表及里，理解作者的匠心所在，又能把读中所悟所得，转化为自己的写作能力。

四、演读"对话"，品味波澜的深意

波折的设置，滚滚向前，揭示人物的性格，推动情节的发展，这往往借助语言来实现。教学时，应抓住小说中的语言，通过演读等形式来揭示"虽幽必显"的魅力。

《安恩和奶牛》中，安恩与买牛人的多人次对话，让人物的性格跃然纸上。我和学生抓住三组对话来体会情节的波折是如何产生的：

对话一：

"这头母牛卖多少钱，老婆婆？"

"它是不卖的。"

师：这是个什么样的人？

生：挑剔的、锱铢必较的人。

师：安恩对他的态度怎样？请用合适的朗读来表现一下。

（生读，语气比较平淡、冷漠，又似乎漫不经心。）

师：为什么这样处理呢？

生：因为她根本没打算做买卖，对于奶牛的价位并不感兴趣，当然，对一个带着挑剔眼光、锱铢必较的人的问话，更没兴趣了。

对话二：

"喂，这头母牛多少钱？"

"它不卖的！"

师：打发走了一个，又来一个。这个人的特点是什么？安恩的态度又是怎样的？

生：屠户身穿"血迹斑斑的罩衫"，"用他的藤杖敲了敲牛角"。安恩"不屑地斜视了一下那根藤杖，然后转过脸去往远处张望，仿佛发现了什么使她感兴趣的东西"，这表现了安恩的不快和厌恶之情，以及对自己奶牛的爱怜。

师：体会一下，看看作者是用怎样的句式把安恩这种情感表现出来的。

生：句子更短了，少了一个"是"；句号改为感叹号了，语气更加强烈了。

（男女生分角色读。）

对话三：

有个人已经来过一次想买这头牛，遭到了拒绝，现在又折回来，出了一个大价钱，那诱惑力简直令人难以抗拒。

"不！"

师：这次对话中作者又是用怎样的句式来表现安恩的情感的呢？

生：独词成句。节奏更加短促，语气更加坚定，态度更加坚决，表达更加果断。

师：请小结一下，三组对话有什么不一样的表现力？

生：从这三组对话中可以看出，安恩老太太在面对一个个买主的询问时，回答是不同的：当买主客气询问时，安恩对之以"它是不卖的"，语气平和，不卑不亢。当买主动作粗鲁、语言粗鄙的时候，安恩反感厌恶地回答"它不卖的！"当一个人又折回用令人难以抗拒的大价钱诱惑时，安恩则连多说一个字也不愿意了，断然说"不！"

好的情节，使得人物的深层心理、非常规心态暴露出来。安恩带着奶牛来到牲口交易市场，却不卖牛，这是有悖常理的。安恩的"非常规心态"，掩藏在她与买牛人的对话中。教学时，学生用分角色演读的方式，紧扣安恩面对买牛人的特殊语言形式，读出来她特别的个性，使得安恩丰富的精神世界昭然若揭。可以说，波澜的魅力在朗读中得以彰显。

"对话充满了一种张力。随着对话，我们一会倾倒在这边，一会儿又倾倒在那边，来来回回地摇摆着，一时无法驻扎。而我们似乎又是喜欢这种摇摆的，我们如同一群飞蛾，一会儿看见这儿有一团亮光，一会儿又看见那儿也有一团亮光，我们飞身扑向东，又飞身扑向西，心中充满了惊喜与快意。"曹文轩的这番话，或许可以作为阅读小说的一个境界。波折教学，应通过演读等形式，让学生在读中体味到"惊喜与快意"。

教学中，对于"一波三折"的指认、点数和公式化地说说"效果"，没有多大技术含量，不需要花大力气去教，只需要确认、点拨一下即可。更需要关注的是"一波三折"的艺术效果是怎样达成的，这才是问题的关键、教学的重点。

第一辑

自读课文：阅读教学的另一半

自读课文，其实并不是新鲜事物。追溯自读课文的"前世今生"，我们发现，自读课文在以前多种版本教材中出现的面貌大抵相当于"略读"，教材编写标注星号，以告诉教师和学生，这是"略读"课文。

但是，2017年秋开始使用的统编初中语文教材中"自读"课文与以前的"略读"课文还是有区别的。总主编温儒敏先生指出："其实应当将两类课型（笔者注：指精读和略读）明确区分，各自功能不一样的。精读课是举例子，给方法。略读课就是让学生使用精读课给出的方法，更加自主地阅读，教师不必精讲。新编教材的一个突出的改进，就是干脆把'精读'改为'教读'，'略读'改为'自读'。'自读'课文设置导读或旁批，引发学生的自主阅读兴趣。这样的功能区分，也是有意改进目前语文教学过分精读精讲的僵化状况。"温儒敏先生的这番话告诉我们，统编教材为了让自读课文教学得到重视，一是把"教读"和"自读"规定为两种课型，二是在编排上增加了导读和旁批。

然而，据我观察，自读课文在过去的教学中，往往并不受待见，地位低下，处于边缘地带。

第一，时间上无法获得保证。广大师生对教读课文历来不敢怠慢，大把的时间花在教读课文上，讲深讲透，可谓"一字不宜忽，语语悟其神"，有时一篇长文、深文，可能要前前后后延续一个星期。加之语文教学时间在应试氛围中仅能勉强保住自己的自留地，与教读课文的"三千宠爱在一身"相比，自读课文教学时间被逐渐地挤压，可有可无，直至沦为被人遗忘的角落。笔者做过一些简单调查：有老师直言不讳地说，自读课文，就让学生自己去读，一般"不占教学时间"；有老师说，有时间，就让学生看看课文，言下之意，没有时间就算了；对于自读课文该教什么，怎么教，有老师坦率地说"没想过"。

第二，自读方法指导的阙如。一些有心的老师能够做到的，仅仅是"今天不布置笔头作业，回去读读自读课文"，或者是"读第十二课打星号的课文，摘抄美词佳句"，更何况，还有很多老师也就随口说说而已。对于自读指导如何做到"提纲挈领，期其自得"，老师语焉不详，学生也心照不宣，不再理会。针对这一现象，叶圣陶先生早就指出："略读如果只任学生自己去着手，而不给他们一点指导，很容易使学生在观念上发生误会，以为略读只是'粗略的'阅读，甚而至于'忽略的'阅读；而在实际上，他们也就是'粗略的'甚而至于'忽略的'阅读，就此了事。"

第三，自读课文的教学，研究成果寥寥。随手翻看一些教育类杂志，研究教读的文章占据了主要篇幅，各级各类的研究课题大多也是聚焦于文本解读、教学设计等等，内容基本上还是指向教读，真正关注自读课文教学的成果凤毛麟角。观摩一些公开课，虽然有的教师也会执教自读课文，但基本上都悄悄改变了性质，作为教读课文而"深耕细读"，脱离了自读课文的本质属性。不少教师认为，教读课文"有讲头"，可以"纤屑不遗，发挥净尽"（叶圣陶语），充分展示教师个人的教学艺术和才华；而自读课文，被狭隘地理解为"学生自己读"，也就不利于教师展示诸如文本解读的深度、教学设计的流畅、拓展延伸的广阔等方面的"精彩"，课堂教学不易"生成"活泼热闹的观赏效果，"个性化解读""精巧的教学设计"或"深度发掘"没有施展的空间。自读课文"养在深闺人未识"，"自读"演变为"放任自流的读"。

教读课文是阅读教学的正宫，而自读课文的教学，不过是偶尔心血来潮才宠幸一下的妃子。观念上轻视，时间上没有保证，方法指导缺失的自读课文，自然是形同虚设了。

众所周知，就人的发展而言，不可能一辈子总是跟着老师亦步亦趋地指到哪里读到哪里，不可能总是有一个老师随时守候在身边告诉你读什么怎么读。学会自读，才是不可或缺的终身学习的本领。爱因斯坦在《论教育》中说道："教育就是忘记了在学校所学的一切之后剩下的东西。"学生走出校门后，会忘记老师在语文课上所教授的内容，但是，阅读的方法、技能以及对于阅读的持久兴趣，却应该沉淀在血液里，无影无形却又无所不在。叶圣陶先生在《〈略读指导举隅〉前言》中指出："学生从精读方面得到种种经验，应用这些经验，自己去读长篇巨著以及其他的单篇短什，不再需要教师的详细指导，这就是'略读'。就教学而言，精读是主体，略读只是补充。但是就教学效果而言，精读是准备，略读才是应用。"从这个意义上说，自读课的教学，理应受到足够的重视。

对于自读课文教什么、怎么教的问题，温儒敏先生指出："'自读'课就是让学生使用'教读'课给的方法，更加自主地阅读，教师不必精讲。'自读'课文还专门设置了导读和旁批，引发学生涵泳体味。教材有意区分课型的功能，也是为了纠正目前语文教学过分精读精讲的僵化状况。"因而，自读课文的教学，期待名正言顺，扬眉吐气，重拾存在的意义。这是一个非常值得探索研究的话题。

（1）自读课文的教学价值在哪里？课文原本并不自带"教读"或"自读"属性，乃是编者赋予的特殊使命。既然各自的教学价值不同，教师在进行教学解读时，应自觉地依据学情、单元教学计划、文本特征，确立合理的教学内容，也就是要明确"教什么"。

（2）自读课课堂实施如何进行？即明确"怎么教"。显然，自读课还是课内教学的一部分，不能等同于学生课外阅读。要从教读往自读方面延伸，以"教法"的迁移促"学法"的迁移。比如，为区分教读和自读，统编语文教材提出用"1+X"的方法教学。"1"为教材内的教读课文，"X"则为与教读课文同在一个单元的自读课文或课外阅读篇章。"1"中有哪些方法，"X"中又有哪些可以对应的举一反三的地方等，都是我们需要思考实践的地方。

叶老指出："如果只注意于精读，而忽略了略读，功夫便只做得一半。其弊害是想象得到的，学生遇到需要阅读的书籍文章，也许会因为没有老师在旁作精读那样的详细指导,而致无所措手。现在一般学校,忽略了略读的似乎不少,这是必须改正的。"我们不妨这样说,自读课文的教学,是阅读教学的另一半,教读课、自读课相互配合才能共同促进学生阅读素养的提升。

第一辑

阅读教学：走一步，再走一步

余文森教授认为："倡导深度教学，防止学科知识的浅层化和学生思维的表层化，是学科教学走向核心素养的一个突出表现。"具体到阅读教学，就是引领学生经由语言文字，向文本更深处漫溯，走一步，再走一步，若有所思，怦然心动，豁然开朗。

一、从"记知识"走向"用知识"

阅读教学中，不少学生受认知水平和阅读经验的限制，满足于课堂上的"你说我说他说"，其零星表达和肤浅认识折射出思维的单薄和散乱，这些情形都在提醒教师，不能"重复学生的已知"，而要因势利导，拓展广度，挖掘深度，让学生思维探幽揽胜，渐入佳境。教学臧克家《说和做——记闻一多先生言行片段》时，我和学生有如下对话：

师："深宵灯火是他的伴侣，因它大开光明之路，'漂白了四壁'。"从这句话中，你读到了什么？

生：这里写了灯光照亮了四壁，闻一多先生刻苦读书、研究学问通宵达旦的场景，表现了闻先生深夜从事学术研究那种怡然自得的情景。

师：当我们读到"光明"一词，除了光亮，还能想到其他意思吗？

生：这里的"光明"表面上看是灯光，还有深层意思：闻一多先生给中华民族带来希望。

师：你能从表层含义向深层含义去思考了。"光明"的含义中，不仅有字面上的"亮光""明亮"，如"黑暗中的一线光明""这条街上的路灯，一个个都像通体光明的水晶球"，还有比喻义或引申义，比喻正义的或有希望的，如光明大道、光明的远景，以及（胸襟）坦白、没有私心，如光明正大、光明磊落、心地光明等。

生：我想到了前文的一句话："他要给我们衰微的民族开一剂救济的文化药方。"这里的"光明"也许就是指闻一多先生开出的拯救中华民族的药方——文化。

生：我赞同。本文第一部分，作为学者和诗人，闻一多先生潜心于学术文化；第二部分，作为革命家，他投身于民主运动，反映了他对社会认识的变化。但作为一名卓越的学者，一名伟大的爱国者，一位言行一致的志士仁人，他是始终如一的。

师：两位同学联系文本的前后，思前想后，抓住了语言上的照应，结构上的逻辑，系统思考，这是非常了不起的阅读方法。

生：我认为，"漂白了四壁"还表现了诗人对祖国的前途和人民的命运的关切。

师：你的理解有什么依据吗？

生：因为我从页下注中知道，"漂白了四壁"引自于闻一多的诗《静夜》。诗人以静夜里书斋的安宁同远处的战争苦难相对比，发出了对只关心个人安乐的那种庸俗之人的强烈谴责。闻一多先生的诗很多，但引用这一句最能表达作者对闻一多先生的敬意。

上述教学片段中，学生起初的理解停留在字面上，读到"灯光"就只看到普通的"亮光"，浅浅地浮于表面。对于这种现象，教学中既不可小觑，因为它代表部分学生的认知起点；又不可浅尝辄止，在学生已有的认知水平上兜圈子。"阅读初感之所以是'初感'，就是因为它是初级的、不完整的、有缺陷的，是需要提高的、完善的。这正是语文教学的意义之所在。"（李海林《语文学科如何"深刻地学习"？》）在老师启发、点拨后，学生揣摩语言，由"灯"的表层意义"灯光"联想到了深层含义"光明""希望"，可谓由表及里；联系前后文本由"灯"进一步联想到"文化"，超越了点状化、碎片化而获得结构化的思考；目光延伸到课文之外，把作者臧克家的话与引用主人公闻一多的诗句联系起来，将文本安放在一个更大更广更深的范围中去参互验证，学生说出"引用这一句最能表达作者对闻一多先生的敬意"，正是对文本有了深度解读——作者对素材积累的浓缩与升华，促进了情感酝酿的奔突与发展。如此层层剥笋式地教学，学生思维从碎片化到结构化，对文本的解读也由散而聚，由浅入深。

阅读教学，要引导学生从浅近的认知开始，不满足于"众所周知"，在别人思想止步的地方，往前走一步，再走一步，体认作者追求卓越与独特的立意。"当学生在课堂上能够理解语文知识并综合运用它们来表达观点、建构意义的时候，我们就可以说学生学习语文知识进入一定的深度了。"（徐鹏《深度学习视域下的语文教学变革》）

二、从"一望而知"走向"一望无知"

孙绍振先生指出："老师的任务，就要从学生的一望而知指出他的一望无知，甚至再望也还是无知。"教师要引领学生进入到语言文字中去，而不是在语言文字的外围滑行，说一些正确的废话。

教学《从百草园到三味书屋》，我和学生一起研读"于是大家放开喉咙读一阵书，真是人声鼎沸……"时，有如下对话：

师：这是鲁迅先生写自己老师寿镜吾先生教学的场景。读一读，有什么感觉？

生：这段文字抨击了封建教育的陈腐。

生：还批判了寿镜吾先生落后的教育方法。

师：同学们有这样的感觉，依据何在？

生：这几句佶屈聱牙的文字，很多字不认识。

生：学生读不通，读不连贯，不知道如何停顿。

师：我们再比较一下，文中描写学生读书的内容与描写寿镜吾先生读书的内容，形式上一样吗？

生：文中描写学生读书不懂句读，属于囫囵吞枣、死读书，所以，作者故意没有给它们加上标点。

生：文中学生读的内容完全不懂，只是生吞活剥，从中看出那时学生学习的内容多么无趣无聊。

生：寿镜吾先生则是在理解的基础上读的，鲁迅先生描写时，用了很多符号，表示寿镜吾先生读得抑扬顿挫，荡气回肠，甚至是完全自我陶醉。

学生一开始就得出"抨击了封建教育的陈腐"以及"批判了寿镜吾先生落后的教育方式"，只是懵懵懂懂的感觉，知其然未必知其所以然——时下，即使不读鲁迅先生的这段文字，学生也能说出类似的"一望而知"的话来。倘若就此放过，以为学生"得矣"，忽略了阅读的过程，便会被假象遮蔽。我不满足于学生"参考书式"的结论，而是追问"有这样的感觉，依据何在"，学生发现"很多字不认识"，"不知道如何停顿"。我提醒学生打量一下语段中师生读书的内容和读书的方法。学生再次沉入文本一探究竟，咀嚼语段中重要的语言形式特点，从而获得品出"真滋味"：作者借助师生读书情形的对比，用略带调侃的笔调，把三味书屋里师生读书的场景展现在我们面前。

从内容到形式，凸显语文学科以语言文字为缰绳的本质特性，才会让学生领略到"沿波讨源，虽幽必显"的无穷奥妙。看得见生长的阅读课，才是真的阅读课。语文教学，如果不是深入到文字的骨髓里头，靠近文字的生命内核，直抵作家的心灵世界，筛选到有价值有新意有挑战性的教学内容，是无法给学生带来愉悦感和成就感的。

三、破解"迷思概念"

所谓"迷思概念"，是学习者在学习过程中由于已有的知识基础或知识经验发生冲突而导致的错误。这些错误具有重要的价值，它能暴露学生的思维。学生转化"迷思概念"的过程就是高阶思维的过程。（夏雪梅《在真

实课堂中为何要促进高阶思维》）

教学《爱莲说》时，学生发现：文章第一段的排序是菊—牡丹—莲；第二段前半部分的顺序也是菊—牡丹—莲；而第二段后半部分的顺序就变成了菊—莲—牡丹。有学生质疑：作者是不是搞错了？

学生受"迷思概念"的影响与因袭的"一一对应"的排列顺序产生了认知冲突，这时，教师应创设一定情境，引发学生对原有"迷思概念"产生碰撞，打破套板思维，建构新的认知。可以组织学生讨论：如果把原文改为"予谓菊，花之隐逸者也；牡丹，花之富贵者也；莲，花之君子者也。噫！菊之爱，陶后鲜有闻。牡丹之爱，宜乎众矣。莲之爱，同予者何人？"，与原文表达的意义有何不同？

反复朗读后，教师引导学生辨析：句式的变化，往往会带来语义的变化——排比句的逻辑错位，往往是意在强调最后一句。把"牡丹之爱，宜乎众矣"移到最后，重心就落在对庸劣世态的憎恶；如果按原来顺序，则仅仅借此表明自己愿做不与世俗同流合污、洁身自好的君子。这一教学过程，师生一起深入文本内在的结构肌理进行剖析，学生的思维由"浊"到"清"，挣脱固有思维模式的束缚，产生新的思维火花。

又如，初读《陈太丘与友期行》时，很多学生都认为文中的"友人"不守诚信、粗暴无礼，甚至有学生质疑：既然"友人"如此不堪，怎么会成为"知书明理"的陈太丘的"友人"呢？学生思维处于迷茫中，正是引发深度思考的最佳契机。我们知道，"友"的甲骨文字形，像顺着一个方向的两只手，表示以手相助。《说文》："友，同志为友。"人们不是常说，一个人的品性，是由他周围的朋友决定的吗？面对这一冲突，我们可以和学生一起研讨："友人"固然有些失礼，但是，他的处事经过是怎样的？

（1）"有礼"。客问元方："尊君在不？"
（2）"无礼"。友人便怒："非人哉！与人期行，相委而去。"
（3）"有礼"。友人惭，下车引之。

师生共同梳理故事展开的过程后发现，文中的"友人"并非一个扁平人物，也不是一个孤立角色。我们从对话中读到"友人"经历了"有礼—无礼—有礼"的情绪变化。学生终于明白，陈太丘（隐身者）守信，元芳有礼有节，友人知错即改，他们共同组成群像，给人们上演了一场精彩的情景剧。因此，陈太丘与其结为好友，本质上还是秉性相合、心性相知的，文本并没有做出抑"友"扬"元芳"的肤浅判断。读者透过"这一篇"而窥视到《世说新语》之精神之核，或许，这也是本篇文字被作者安置在"方正"一节的原因吧。

语文教学中，学生常常会遇到"迷思概念"的困扰，教师要帮助学生走出思维窠臼，模糊处使之澄清，错误处使之改正，知浅处使之知深，从而体察作者的匠心独运，破译作者的精神密码。

四、对比求真味

比较阅读，既是一种教法，也是一种学法，能极大地激活学生的思维活动，在对比分析中走进文本深处，获得对"这一篇""这一类"文本的深刻体认。但是，对比不是为了"发现不同"，而是在对比中鉴赏，品味属于作者"自己的句子"的密妙。

这方面，谭轶斌老师有一个精彩课例，值得玩赏。执教五言诗《饮酒》时，谭老师安排了这样一个环节：每一句去掉一个不重要的字，改为四言诗——"结庐人境，／无车马喧。／问何能尔？／心远地偏。／采菊东篱，／遥见南山。／山气夕佳，／飞鸟相还。／中有真意，／欲辨忘言。"请同学们读后说说是什么感受。大家一读，就觉出它失去了原诗的韵味与意境。原因在哪里？同学们发现，四言诗的两字一顿和五言诗的二、三字交错，因节奏不一样，所表现的情感就不尽相同了。谭老师也让学生"改诗"，但"改"的目的是与原诗比较优劣，在此基础上，再回到原诗，鉴赏和品味的路径更加具体，方法更加明确。这一活动，训练了学生对语言的敏感性，培养了学生锤炼字句的能力，如此教学，真正地从内容到形式，抵达文本核心。正如朱光潜先生所说："一般人根本不了解文字和思想情感的密切关系，以为更改一两个字不过是要文字顺畅些或漂亮些。其实更动了文字，就同时更动了思想情感，内容和形式是相随而变的。"

阅读是语文教学的核心内容，是培养学生核心素养的重要过程和有效途径。为此，我们应借助语文学科的优势，通过深度教与学的活动，让学生学有所思，学有所得，具备受益终身的重要素养和关键能力。

第二辑　　阅读教学之场景：
　　　　　语文素养发展的实然路径

例谈小说阅读方法指导教学
——我教《猫》

语文教学"少慢差费",一个无法否认的原因就是"学生知道的让他继续知道了一遍,学生模糊的让学生继续模糊,学生不知道的让学生继续不知道"。因而,阅读教学需要研究如何"教学生学会阅读"。笔者以执教郑振铎的《猫》一课为例,来说明小说阅读教学如何让学生知道"读什么",学习"怎么读"。

第一步,知道"读什么"——文本的教学价值。小说是学生喜闻乐见的文体,据笔者观察,学生的兴趣点往往"浮"在"好玩有趣"的情节上,却不能深究之所以过目不忘"是因为写得好"。颇为尴尬的是,学生可能读了很多书,语文素养却并未水涨船高。金圣叹在《读第五才子书法》中说:"吾最恨人家子弟,凡遇读书,都不理会文字,只记得若干事迹,便算读过一部书了。虽《国策》《史记》都作事迹搬过去,何况《水浒传》。"所以,当文本成为教材而产生教学价值时,拿到一本书或一篇文章,知道该重点读什么(语言形式),用什么方法去阅读(阅读方法),理解言意共生的密妙,才算真正的阅读。在教学中,笔者把《猫》的教学价值,定位于"具有普遍意义的阅读方法和阅读策略"。具体而言就是,推敲语言,细读文本;回到整体,深度解读。

第二步,学习"怎么读"——在言语实践中学阅读。对《猫》进行文本的教学解读时,我们可以梳理出很多可教可学的东西,不可能在每一节课中面面俱到,那只可能浅尝辄止;也不可能毕其功于一役,一节课解决语文学习的所有问题。比较合理的策略是,对于一般的能力点,轻轻放过;

对于关键能力点，重锤猛打。教学《猫》时，笔者不要求学生"指认小说讲了几只猫"或"用简要的语言概括小说的主要情节"，而是在通读全文的基础上，把学生的目光直接聚焦到常常被"视而不见"的语言形式上，推敲副词、动词、句式，体会"最适当的字句安排在最适当的位置。那一句话只有那一个说法，稍加增减更动，便不是那一回事"。这个感悟不能空穴来风、虚晃一枪，笔者和学生一起以"比较副词的程度""理解动词的语境义""变换句子形式"等具体活动为凭借，重锤猛打打在实处，经由语言文字向文本最深处漫溯。在学生对语词形式深耕细读后，为避免阅读"只见树木不见森林"形成碎片化的思维，我又引领学生对文本整体观照，提出"如果是第一、二只猫吃了芙蓉鸟，'我'还会如此心痛吗？"等问题，提醒学生将三只猫联系起来解读，从而对"我"的形象、小说的主旨建构起完整、全面、深刻的理解。

语文学习，引导学生对语言形式和谐与否、精致与否、僵化与否进行敏锐判断和精彩分析，学生的语文品质才会得到发展，阅读教学才不至于"重复学生的已知"，劳而无功。"老师的任务，就要从学生的一望而知指出他的一望无知，甚至再望也还是无知。"上述思考，是笔者进行文本解读、教学设计所遵循的一般规律。下面笔者对《猫》一课的教学进行具体阐释。

一、教学解读

1. 文体：大体则有，定体则无

关于郑振铎《猫》的文体，争议不少，有人认为是散文，有人认为是小说。一般而言，散文往往注重的是真情实感，而小说则是虚构类的文本。无论把《猫》定义为散文还是小说，都有一定的道理。

对于"模棱两可"的文体，我们教学时如何处理？人民教育出版社中语室王本华老师认为："以新教材为例，新教材注重阅读方法和阅读策略两个方面的训练，在不同年级有不同的要求。七年级不分文体，以培养学生一般的语文能力为主，关注具有普遍意义的阅读方法和阅读策略。"因而，笔者遵循"大体则有，定体则无"的原则：大体上依据小说文体教该教的内容。显然，这篇文章可教的东西很多，需要进行取舍。比如，小说阅读教学，有视角、波折、情节等许多专业性很强的知识。但教学时，笔者面对的是刚刚升入初一的学生，如果课堂上探讨这些文学理论界的专业性问题，对学生来讲难度很大。因此，笔者认为，我们应用读小说的方式来学小说，而不是用研究小说的方式学小说阅读。

2. 着力点：阅读方法和阅读策略

据我观察发现，初一的学生，爱读小说，但大多钟情于小说情节，能囫囵吞枣地说出故事轮廓，而对语言形式比较忽视，阅读小说还处于比较低级的阶段。

小说教学与其他文体教学一样，从内容角度来看，要教学生不懂、不会、不能、知浅的地方；从方法角度看，要教学生从不懂到懂、从不会到会、从不能到能、从知浅到知深的方法。小说中人物形象、故事情节、环境描写等学生能够懂的地方，就不再教了。重点在突破学生不懂不会不能之处。这个"不懂不会不能之处"，就是小说解读的方式，如品味词语、解析句式、体会语气、分析结构、赏析修辞、掌握视角、赏析细节、把握手法等。这也符合叶圣陶先生说的语文教学有着"独当其任的任"。教学时有了这个抓手，就可以打开小说教学的奥秘，帮助学生突破阅读小说的障碍，发现"仿佛若有光"，探身小说的"桃花源"中，豁然开朗。

二、教学实施

1. 引导学生推敲虚词，体悟作者情感

在初读感知文本时，我首先请同学们思考：你读了这篇文章后，觉得作者"爱"猫吗？试从文中找出直接表达"我"对猫的情感的语言。三只猫亡失之后，"我"分别如何表达自己的情感的？

学生画出最具代表性的语句，同伴讨论完毕，师生合作进行重点解读：

师：当第一只猫死去后——

生：我心里也感着一缕的酸辛，可怜这两月来相伴的小侣！当时只得安慰着三妹道："不要紧，我再向别处要一只来给你。"

师：当第二只猫失踪后——

生：我也怅然地，愤恨地，在诅骂着那个不知名的夺去我们所爱的东西的人。自此，我家好久不养猫。

师：当第三只猫死去后——

生：我对于它的亡失，比以前的两只猫的亡失，更难过得多。

我永无改正我的过失的机会了！

自此，我家永不养猫。

在朗读、讨论的基础上，学生发现，作者用词上有明显不同，当第一只猫亡失之后，"我"只是说"不要紧"；第二只猫亡失之后，"我"说的是"好久不"养猫；而当第三只猫亡失之后，"我"说的是"永不"养猫。推敲"我"对三只猫亡失之后的语言中的副词，可以体会作者对第三只猫最有感触。不同的用词，表达了不同的情感。

小小虚词，有时恰恰是作者的用心之笔，通过几个简单的虚词却能串起一篇文章的脉络。在教学时，我们把这些平平常常的虚词，从平淡无奇中托举出来，使它们熠熠生辉，再将它们勾连起来，让潜伏的意脉显现出来，并作为教学设计的思路，达到教路、学路相匹配的境界，阅读教学的流程就会更加流畅自然，如一点烛光照亮整篇文章。

2. 引导学生推敲动词，探究性格特征

动词运用的精准妥帖，往往能折射出形象的性格特征。在重点研读第三只猫时，学生纷纷表示读到了"可怜"。我请学生再跳读文章，结合具体语言，说说从哪里可以读到第三只猫的"可怜"。学生边读边圈点勾画，最后，集中在六个动词，即两个"蜷伏"、两个"凝望"、两个"伏"上。于是，我和学生一起来探究作者描述第三只猫的状态。

【PPT 出示】

冬天的早晨，门口蜷伏着一只很可怜的小猫。

它伏着不去。我们如不取来留养，至少也要为冬寒与饥饿所杀。

大家在廊前晒太阳闲谈着时，它也常来蜷伏在母亲或三妹的足下。

春天来了，它成了一只壮猫了，却仍不改它的忧郁性，也不去捉鼠，终日懒惰地伏着，吃得胖胖的。

师："蜷伏"是什么意思？

生：弯着身体卧着。

师：这里的两个"蜷伏"、两个"伏"的意思一样吗？

生：不一样。"冬天的早晨，门口蜷伏着一只很可怜的小猫。""它伏着不去。"这里的"蜷伏""伏"写出了这只猫来得可怜，无依无靠。

生："大家在廊前晒太阳闲谈着时，它也常来蜷伏在母亲或三妹的足下。"这个"蜷伏"是"依靠""依赖"的意思。"终日懒惰地伏着"，写出了这只猫活得可怜，希望能有人疼爱，然而只是一厢情愿，只好孤独地"伏"着。

师："我"判断是可怜的猫吃了芙蓉鸟的依据是什么？谁能找出这些句子？

生："那只花白猫对于这一对黄鸟，似乎也特别注意，常常跳在桌上，对鸟笼凝望着。"这一个句子中的"凝望"，让"我"产生了怀疑。

生："隔一会儿，它又跳上桌子对鸟笼凝望着了。"这里也有一个"凝望"，更加深了怀疑。换作是我，也会有这样的想法的。（生笑）

生：两个"凝望"，让家人误以为是想吃鸟，也是"我"误判的根源。但是，在我看来，也许是一种关心，一种守候。

师：悲剧就这样产生了，于是这第三只猫就被惩罚，最终走向了死亡。可以说，去得可怜。让我们来小结一下，第三只猫的可怜在于——

生：来得可怜，活得可怜，去得可怜。

上述教学片段，学生读到第三只猫的"来得可怜，活得可怜，去得可怜"，不是空穴来风，而是有理有据，解读立足文本，聚焦六个重点动词，第三只猫的形象已经呼之而出。表面上看是在推敲词语，其实也是在推敲情感。

3. 引导学生推敲句式，体味深层意味

句子作为语言运用的基本单位，能表达一个相对完整的意思，是语文学习不可或缺的内容。语文教学中，教师应带领学生从"司空见惯""熟视无睹"的文段中揭开句子的神秘面纱，循着文字的踪迹，找寻为文的道理。

文中"我"和"妻子"误判，导致了第三只猫悲剧的产生。误判，是通过人物的语言来表现的。"我"在自以为证据确凿下，用什么样的语言来做出判断的？我先请学生找出相关的语句来，读一读。

【PPT 出示】

我很愤怒，叫道："一定是猫，一定是猫！"

师：读一读这个句子。能否替换为这两句话？

【PPT 出示】

a. 我很愤怒，叫道："一定是猫！"

b. 我很愤怒，叫道："一定是猫，一定是猫。"

生：不能改为 a 句。因为"一定是猫，一定是猫！"用反复的修辞手法，强调了"我"的判断口气不容置疑，表现了"我"的武断。如果只有"一定是猫"，显得比较平淡，不足以表现"我"的自以为是，草率鲁莽。

生：改为 b 句也不太好。因为句末是句号而不是感叹号，语气似乎不那么肯定，情感上也没那么强烈了。

师：生活中，你也会用这样的句式来表达情感吗？

生：会的。比如，我晚上一个人在家里，有些害怕。忽然听到门外熟悉的脚步声，就会情不自禁地说："一定是妈妈回来了，一定是妈妈回来了！"

师：做出判断的还有妻子。

【PPT 出示】

"不是这猫咬死的还有谁？"

（生朗读。）

师：从这个句子中，你听到了什么？

生：妻子的话，用了反问的语气，表明妻子也是助纣为虐者，也让"我"更加坚定自己的判断。

师：如果改成下面的陈述句，效果如何？

【PPT出示】

C.是猫咬死的。

（生朗读。）

生：显然，这样的句子非常平淡，毫无感情。

师：让我们来小结一下，第三只猫可怜之处在于——

【PPT出示】

第三只猫：可怜！来得可怜，活得可怜，去得可怜。

师生通过这两个句子的朗读、品味、比较，体会不同句式所表现出的不同意味，如何用合适的句式去表情达意。课堂上经常进行这样的训练，可以激发和培养学生的语感，促使学生用丰富多样的句式去表达合适的思想情感，而不至于千篇一律使用陈述句。

4.引导学生回到整体，实现深度建构

文本细读，一方面要"沉入词语"，另一方面，还要谨防把文本肢解成一个个鸡零狗碎的部件。回归整体，才能对文本的内涵有完整、全面、深刻的理解。因而，在细嚼慢咽词语句子之后，我又带着学生回到文本进行整体观照。

师：如果是第一、二只猫吃了芙蓉鸟，"我"还会如此心痛吗？

生：如果是第一只猫吃了芙蓉鸟，"我"就不会如此心痛。"我"像妹妹一样，喜欢活泼可爱的猫，却对丑的、一无是处的猫，看不顺眼，偏听偏信，妄下断语，甚至肆意惩戒……

师：以"我"和"猫"之间发生的故事来看，第三只猫的冤案，是由

"我"造成的，所以，"我"才有了最后的愧疚与悔恨。从这个意义上说，"我"是一个怎样的人？

生："我"妄下断语、主观武断。

生："我"偏听偏信、肆意惩戒。

师：还能读到什么？

（生摇头。个别学生举手。）

生：我从中读到，做人要善于反思反省，以免犯更多的错误。

师：何以见得？

【PPT 出示】

"以貌取人，失之子羽"的历史故事（内容略）。

文本细读要由整体进入局部去阅读、勾连、理解，领会主旨，吸收精髓，最终再回归文本的整体，才不至于把文本"大卸八块"，变成一堆零部件。这个教学片段中，学生对文本的理解不是"重复已知"，而是由浅入深，渐渐悟得：以貌取人，武断鲁莽，做出错误的决定，常常反映出人性的弱点，圣人也不能例外，关键是我们应如何处之。文中"我"对第三只猫的那种愧疚之情，恰恰是这种自省精神的体现。

我们继续讨论：

师：作者在写第三只猫之前，还写了两只猫，有人认为是多余的，也有人认为不多余。你的看法是什么？

生：详写花白猫、小黄猫是为写第三只猫做铺垫和对比。这是在情感上和叙述上的蓄势！三只猫都是小生命，都值得同情和怜悯，无论是特别丑还是俊，是活泼还是忧郁，这对主题起到了一种强调的艺术效果。

师：你读了这篇《猫》，你觉得作者只是在写"猫"吗？

生：不是，作者写猫，其实是在启发我们思考一些问题。

师：同学们又有了什么新的理解呢？

生：要仁爱，不要残忍。

生：要为人着想，不要损人利己。

生：凡事不可主观武断，否则容易铸成大错；要善于反省自己，避免犯更多的错误。

……

文本中，作者尽管也有节制地表达了一些思想情感，但意图没有和盘托出，这符合小说创作的原则，给学生从中读到更多的内容留下了足够的空间。能够获得哪些体验，可以见仁见智，关键是要借助语言文字建构起"我的见解"来。

有人说，读小说就是读人生。这是阅读的高境界。学生毕竟年龄小，我们不要学生脱离语言文字去言说一些看上去高大上的道理。促进学生精神成长是终极目标，只要学生愿读会读，假以时日，就能各有所获。在课堂教学的结尾，我出示了这样的结语：

我们为什么要读小说？读小说就是读社会、读人生。
我们怎么读小说？品味小说的语词、句式、语气、结构、细节等来理解小说。

小说阅读教学，还有很长的路要走。华东师范大学杨向东教授在评课时说："这节课，就是一节语文阅读方法指导课。"听到这番话，笔者很高兴。为学生打开一扇阅读小说之门，是笔者希望做到的。学生语文素养的提升，要在每一节语文课上落小落细落实，犹如涓涓细流，最终汇成大海。

朗读要"得他滋味"
——我教《虽有嘉肴》

第二辑

诵读，是文言文学习的基础。当下文言文教学"读风"颇盛，有人用"'读'占鳌头"来描述，折射出一定的现实基础。可是，在很多情况下我们对学生的要求笼统含糊，缺少方法指导，如"请同学们有感情地朗读""再读一遍"，不能让学生了解"怎样才能有感情地朗读"，为何要读，一遍又一遍的读有何不同，这样的朗读就流于形式，图个热闹而已。

所谓"滋味"，是作品内容表达出来的那种情、理、趣使读者形成的"整体直觉"。文言文教学中的朗读，不仅仅有数量上的叠加，更要有质量上的提升，否则就是简单重复，纵然"书读百遍"，"其义"也未必"见"。

笔者以执教《虽有嘉肴》一课为例，来说明文言文阅读教学如何以读为经，贯穿全课，以解读文本为纬，横向伸展，四轮朗读，拾级而上，从而达到"得他滋味"（朱熹语）。

一、读准读熟，得文本解读之基

所谓基础朗读，就是要把文章读通顺，把字音读准。我布置了这样的预习要求：一是把课文读五遍以上；遇到陌生字词或自己不能肯定的字词，可以查阅工具书，也可以留到上课提问。

上课时，先请几位学生来读文章，我在倾听中首先关注两个短语："自强（qiǎng）"和"学（xiào）学半"。这两个短语不仅关乎读音问题，也关乎后续的文本解读。前者，很容易与现代汉语中的"自强（qiáng）"

混淆，这里的"自强"不是"自强不息"，而是"自我勉励"的意思；"学学半"，则要注意前一个"学"乃是"教"的意思，牵涉到本文中一个重要的思想——"教"和"学"是一个人学习的两个方面，与现代汉语中的"教学相长"意思不同。再比如，两个"不"字句，要有惋惜、遗憾感；"不足""困"应重读，读出减缓、沉重之感；"自反""自强"则要读出上扬、振奋之感。

在大致理解文章的基础上，学生读准读熟课文，初尝滋味，也为解读文本奠定了基础。朱熹认为："大抵观书，先须熟读，使其言皆若出于吾之口，继以精思，使其意皆若出于吾之心，然后可以有得尔。"他主张"熟读成诵"，"熟读精思"，达到"使其言皆若出于吾之口"，方能把握其中的意旨。文言文教学，熟读是前提，没有这个前提，一切所谓的认知、感悟都是空穴来风。

二、读出节奏，得语言形式之美

《虽有嘉肴》，短短70字，作者却多使用对偶句，句式整齐，回环复沓，思路顺畅，读来朗朗上口，节奏感强。教学时，我将文本从横排变成竖排，引导学生在朗读中发现、感受其语言形式之美。

（师生合作朗读，男女生分成两组，对读两处含有分号的句子，其余的文字老师读。）

女：虽有嘉肴，弗食，不知其旨也；
男：虽有至道，弗学，不知其善也。
师：是故学然后知不足，教然后知困。
女：知不足，然后能自反也；
男：知困，然后能自强也。
师：故曰：教学相长也。《兑命》曰"学学半"，其此之谓乎！

这里，教师穿针引线，创设情境，带着学生读进去，读出韵味。在分组对读中，学生发现句式特点：两相对举，结构相同，用词相对，语气一致，相互辉映，明快有力，连用铺排，强化论理。尤其是，两个"知……然后……"进一步论述"学"与"教"的关系。学生在反复朗读中，体会到用这种句式文势流畅，层层递进，文气贯通，给人一气呵成之感。

美的形式带来美的感受。文言文教学要充分利用文章自身的形式美，如整齐、参差、和谐、对仗等，让学生在声情并茂的美读中体验形式美的优雅，热爱文言文。"沉浸浓郁，含英咀华"，便觉滋味绵长、深厚，似清洌甘醇，如齿香佳酿。

三、见微知著，得谆谆教诲之情

这是一篇论述类文本，但是，对于初一学生而言，在课堂上去讨论什么"论证方法"，有些"凌节而施"，教学应"学不躐等"。简单地辨认"论证方法"，只是从术语到术语的滑行，对学生理解论述文文体特征并无多大价值。这就需要找到"支点"，牵一发而动全身。

支点一：一个句子。

【PPT 出示】
《兑命》曰"学学半"，其此之谓乎！

这里引用《兑命》中的话作为引用论证来讲道理，证明论点——教学相长，说明教与学的关系，并进一步强调学的重要性，把中心论点阐述得非常清楚，具有很强的说服力。

如果强行灌输议论文的三要素之类公式化术语，会令初一学生望而生畏，学而生厌。但是，阅读教学又不可漠视文体特征。这就需要将枯燥的术语变得通俗有亲近感，易于学生接受。

我请学生思考：文末一句话，如果没有，意思也能说得通；但是补写这句话，有什么不一样呢？学生说，用了这句话，更能证明作者的观点，论证更加有力。我启发学生，当作者写到这儿的时候，是一种什么感觉？学生回答，有欣喜之情，因为作者的观点在《兑命》中得到了佐证，似乎与《兑命》心有灵犀，在作者看来这是"一件值得高兴的事儿"。其实，这正是理解补充论证的作用。在此基础上，我请学生读出那种欣喜的感情来：语调上扬，眉毛舒展。这种"因声求气"的朗读教学，比空洞地教"补充论证"的方法，给学生更加直观具体的感受。

支点二：一个虚词。

"沉潜讽咏，玩味义理，咀嚼滋味，方有所益。"本文选自《礼记·学记》，读者对象是"学习者"，基于此，就应读出其中的谆谆教诲之情。那么，作者是如何表达这种情感的呢？

在学生进入"心求通而未通，口欲言而未能"的愤悱境地时，我投影把五个"也"去掉的文本：

【PPT 出示】

改文：虽有嘉肴，弗食，不知其旨；虽有至道，弗学，不知其善。是故学然后知不足，教然后知困。知不足，然后能自反；知困，然后能自强。故曰：教学相长。《兑命》曰"学学半"，其此之谓乎！

请学生读一读，再与原文比较形式上有何不同，探寻其中的奥秘。学生读后发现，去掉了五个"也"字，虽然语言文字也是通顺的，但是语感随之改变，读来语气生硬，有强迫感；而原文中有五个"也"字，读来语气舒缓，语重心长，有一种谆谆教诲之感。学生若有所悟后，我设计了两个情境：

（1）小王同学不喜欢学习，你怎样用合适的口吻去劝告同伴？

（2）小李同学学习优秀，老师安排了一位后进同学跟他同桌，可是小李同学不太乐意。假如你是老师，怎样用文中的语言去劝导小李？

学生兴趣盎然，争先恐后地演读。一位同学把"也"字读得略带拖腔，加上"摇头晃脑"的动作,俨然一位师者在传道授业解惑。

这一活动,看上去是把含有"也"的句子梳理出来,区别一下有无"也"字,实际上,学生在反复咀嚼、细心玩味中悟得,古人写文章讲究推敲词语,不太引人注目的"也"等虚词,同样赋予表情达意的作用,因为虚词用得好,确实有"含不尽之意于言外"的效果。像欧阳修的《醉翁亭记》,在作者内心独白式的话语里,连续出现21个"也"字,使全文洋溢着一种平和、愉悦的情调,而"也"字的连用则恰好成为这一情调的最合适的表现方式,细心的读者通过反复吟诵不难心领神会。清末古文家林纾说:"须知有用一语助之辞,足使全神灵活者,消息极微,读者隔反可也。"

文言文朗读也要从语言入手,从言内到言外,品味那些言外的滋味,哪怕是一些"貌不惊人"的词语,听听它的声音,辨辨它的色彩,掂掂它的分量,摸摸它的"体温",把它置于整体关系之中,摆在语境关系之中,加以揣摩、掂量、咀嚼、玩味,感受语词的内涵,从而获得审美感、情味感、意蕴感。

四、变化结构读,得文本之理

朗读不是简单背诵,也不是死记硬背,而是一种"双向运动","它既是一种理解文本的方式,也是一种读者表现与传达理解的方式,是读者与文本的情感'交融'"(王荣生语)。

学生对本文论及的"教学相长"可能会先入为主地与现代语境中的意义产生混淆。为了帮助学生厘清二者区别,我把文章结构进行调整:

【PPT出示】

原文:是故学然后知不足,教然后知困。知不足,然后能自反也;知困,然后能自强也。故曰:教学相长也。

改文:是故学然后知不足,知不足,然后能自反也。教然后知困,知困,然后能自强也。故曰:教学相长也。

两位同学分别读原文和改文后发现,改文看似将"教"和"学"分别归在一起，但是言语啰唆，更重要的是，改文将"教"和"学"的关系割裂开来，与原文主旨大相径庭。学生经辨析可知，文中的"教学相长"是从学习的角度来论述的，指向的是"学"，也就是说，如何"学"要做到两点：一是"学"（实践），二是"教与学中相互促进"（教学相长）。而现代语境中的"教学相长"是从师生两个不同角色去讨论的。在变式朗读中，以读促思，以思带读，学生获得了文本的真义、真味。

童志斌认为："文言文阅读的要点，是集中体现在'章法考究处、炼字炼句处'的'所言志，所载道'。文言文阅读教学着力点，是引导和帮助学生通过'章法考究处、炼字炼句处'具体地把握作者'所言志所载道'。"在学生"熟读精思"的基础上，教师带领学生在主动积极的思维和情感活动中，与文本产生碰撞，通过反复咀嚼，精心地、细细地品味语言，进而感受文本的思想、艺术魅力，这就是教学生"虚心涵泳"吧。

课堂教学结束时，我和全班同学一起背诵全文。

朗读在文言文教学中有着举足轻重的作用，但朗读不是乱吼一通，应像叶圣陶先生所说："设身处地，激昂处还他个激昂，委宛处还他个委宛，诸如此类。……美读得其法，不但了解作者说些什么，而且与作者的心灵相感通了，无论兴味方面或受用方面都有莫大的收获。"教师要通过精心设计和巧妙引导，使学生在朗读中进入"得他滋味"的境界。

第二辑

自读课，教师要克制"讲的冲动"
—— 我教《一棵小桃树》

统编新教材的编排体系是"教读+自读+课外阅读"三位一体的格局。其中的自读，在以前的教材版本中也有，但据我了解，所谓自读课文，过去通常有两种处理方式：一是放任自流，学生爱读不读，由他去；二是上成教读课，忽略了自读课文的特点，结果老师教得很累，学生学得很辛苦，没有喘息的机会，也没有了自己学习的空间。为了走出语文教学长期以来"少慢差费"的局面，必须重新审视自读课文的教学。下面以《一棵小桃树》为例，谈谈对于自读课文教学解读和课堂实施的一些思考。

一、有趣的题目："一棵小桃树"，还是"我的小桃树"？

备课时，我读到教材页下注释中写道：选自《平凹散文》（浙江文艺出版社2008年版）。当时并未在意。偶然间，看到一本书上说，这篇文章的题目是"我的小桃树"。我忽然就来了兴趣，课文的题目到底是"一棵小桃树"，还是"我的小桃树"？

百度"我的小桃树"，得到这样的注释：

《我的小桃树》是当代著名作家贾平凹的散文代表作之一，曾经入选人民教育出版社中学语文教材第四册，并被选为鄂教版（湖北教育出版社）的六年级下学期第8课。

再百度"一棵小桃树"，获得如下信息：

《一棵小桃树》为贾平凹写的一篇散文。文章一开头就饱含着作者对小桃树的一往情深：当初怀着它能给"我"带来幸福的希望，让它"孕育着我的梦"而种下它，所以，"我"偏爱它。见到它长得纤弱，没人管它，为自己漂泊他乡忘却了它而难过。当自己生活遭到挫折，见到小桃树在风雨中挣扎，顽强同命运作斗争时，"我"不由得对它产生赞美之情。总之，小桃树象征着"我"的幸福和希望，小桃树的坎坷经历又和"我"的相似，所以，"我"关注它、爱护它。2017年，本文入选人教社新版七年级下册语文教材。

文章的题目到底是什么，两者说法不一。我手头没有鄂教版六年级下学期的课本。想想还是以原著为准，于是，我以统编教材的页下注为依据，立即下单买了贾平凹的《平凹散文》，仔细一读，确实是"一棵小桃树"。

那么，为什么小学语文教材中以"我的小桃树"为题，而初中教材还是沿用作者的原题呢？我想，这恰好是一个区分中小学教学内容的很好案例。贾平凹的这篇散文，在小学阶段，可能无须在内涵方面做深度解读，只要学生能跟着"我"的感觉走进文本若有所思即可。浓郁、直白的情感，比如，读到小桃树与"我"的物我两融，从字面上就可以一读而知。而初中教学，则要经由语词走进文本、走出文本，来来回回，高出一筹。比如，小桃树仅仅是小桃树，"我"仅仅是"我"吗？如果要找一个合适的词的话，我觉得可以用"境界"来表达。王国维先生在《人间词话》中论及"境界"时说：

有有我之境，有无我之境。"泪眼问花花不语，乱红飞过秋千去。""可堪孤馆闭春寒，杜鹃声里斜阳暮。"有我之境也。"采菊东篱下，悠然见南山。""寒波澹澹起，白鸟悠悠下。"无我之境也。有我之境，以我观物，故物皆著我之色彩。无我之境，以物观物，故不知何者为我，何者为物。

也就是说，如果小学生要读出"有我"，那么初中生则要读出"无我"。

当然，教学时，不必执著于这个术语。从这个意义上，小学教材以"我的小桃树"为题，也许更贴近学生实际。

为此，我们可以设计一个问题，请学生讨论一下：到底用哪一个标题好？或者说，两个标题有何不同？

我自己的思考是，以"我的小桃树"为题，固然是与文中多次出现的"我的小桃树"相呼应。甚至，文后的阅读提示也"提示"学生：

> 同学们不妨数一数，作者在这篇散文里，一共用了多少次"我的小桃树"这一称呼？作者为什么如此执著地用这个称呼？因为在他看来，这株"野"的、"没出息"的、不美的小桃树，与自己有着特殊的情感联系。这深厚的情感从何而来呢？文章中叙述了小桃树的"身世"，同时暗写了作者自己的经历。原来，在作者看来，小桃树是他从儿时便怀有的、向往幸福生活的"梦"的化身——"我的小桃树"就是另一个"我"。

然而，辨析词语可知，"我的小桃树"侧重于"有我"，"一棵小桃树"则从"有我"走向了更高的境界——"无我"。小桃树固然是另外一个"我"，但这个"我"并不只是"小我"，它能给更多人以思考和启迪。格局扩大，豁然开朗。贾平凹的读书生涯是在一个破庙里开始的，初中二年级时遭遇了"文化大革命"，父亲被关进牛棚，这个十四岁的少年内心充满恐慌。成年后步入社会也遭受到了挫折。要知道，在那个特殊的年代，与贾平凹有着类似遭遇的何止他一人。推而广之，每个人都有一棵心中的小桃树，都是文中的那棵小桃树，都曾怀揣梦想，心向远方，但这样的梦想，又无奈地遭受风吹雨打，在风雨中哆嗦瑟缩，孤苦飘零。但梦想在，希望就在。小桃树的命运，"我"的命运，乃至于千千万万的人的命运，都在诠释着这样一个生活哲理：不屈不挠的奋斗会战胜磨难，创造出美好的未来。这样，文章的主题就更加深远宽广了。作者不仅在写树，也是在写自己，作者与树的身世相似，与那个时代背景中的人同病相怜。读到这里，以树喻人，才算有了落脚之处。也可能正是如此，贾平凹的这篇《一棵小桃树》才唤醒了多少人的记忆，激发了多少人的共鸣，文章也因此成了名篇佳作而入选多个版本的教材。其实，你，我，他，我们，都是那棵小桃树。

我不禁想到了安徒生的《丑小鸭》。是的，每读一次都抑制不住流泪的冲动。又想到了宗璞的《紫藤萝瀑布》中那个被摧残得"东一穗西一串伶仃地挂在树梢""后来索性连那稀零的花串也没有了"的紫藤萝；又想到了季羡林先生的《幽径悲剧》中，文化圣地北大燕园里的紫藤萝"遭到了无情的诛伐"的"愚氓灭美"的事儿来……

愿每一个丑小鸭都能成为白天鹅。

愿每一朵紫藤萝花，依然开得那样盛。

愿每一棵小桃树都能健壮生长，开花，结果。

二、关于预习——明确学生的起点在哪里

既然是自读课文，我本想不要学生预习，就让学生带着新鲜感在课堂上读书，原汁原味地呈现阅读的过程。我统计了一下，文章2200字左右，篇幅较长，如果要学生自行读一遍文章，至少要5分钟。这还只是粗浅地浏览。我自己无数遍读了贾平凹的这篇《一棵小桃树》，发现文章貌似简单，却内涵丰富。粗看课文，觉得只是采用了托物言志的写法而已，但越读越觉得语言含蓄蕴藉，情感复杂曲折，主题多元叠加，线索有明有暗。如果在学生匆匆浏览的基础上就开始上课，读就只剩下一个形式，没有多少实际效果，不易理解或者理解只能浮于表面，教学中要想让学生探幽入微，恐怕是难以实现的。我请所借班级老师布置学生预习一下，简单地提了三个常规要求：一是把课文读三遍以上，二是自行解决生字词的读音，三是编好段落序号。

三、教什么——确定教学内容

自读课文，学生已会、已知的或自己能解决的，就不教了。如，文中一共用了多少次"我的小桃树"（学生可以自己去数一数，不需要老师教），作者为什么如此执著地用这个称呼，在阅读提示中已有明确的答案；又如，

文章的行文思路"小桃树的来由—发芽—长大—开花—横遭风雨"也在阅读提示中有了梳理，就不必重复了。这样的做法，在其他课上也适用。

我的想法是，根据自读课文有旁注加阅读提示的编排特点，带领学生去自读课文。同时，教师围绕其中的一个重点段落进行重锤猛打，做一下阅读分析和鉴赏的示范。这样，既保证学生的自读不旁落，又让教师的引领不缺位。用王荣生教授对文本的分类方法来说，我把本篇文章定位为样本型文本。

自读课文，旁注就是局部重点的提示，阅读提示就是整篇重点的提示。但是，旁注和阅读提示如何发挥其应有的作用呢？

起初有一个设想，教学生作批注。批注的方法和概念，比较复杂，可以是"眉批""首批"（批在书头上），也可以是"旁批""侧批"（字、词、句的旁边，书页一侧），还可以是"尾批"（批在一段或全文之后）。教材中仅仅涉及旁批。作批注是非常好的读书方法。阅读时，把自己的感悟、理解、评价或疑难问题（内容），用简练的语言和相应的符号标注在文章的空白处（方法），这就是作批注。也就是说，批注的内容，可以是词、句，也可以是段、篇，可以从语言特点及表达效果、思想内容、层次结构、艺术手法等多个角度进行理解感受、鉴赏评价或质疑问难。批注的内容不必面面俱到，批注的语言要求简求精。

关于批注的阅读方式，在教材中有说法：

圈点批注是古人读书时常用的传统方法。这种读书方法可以凝聚阅读的注意力，便于复习、巩固、查考，也是一种治学的方式。宋代大学者朱熹，每读一遍书都用不同颜色的笔进行勾画，从而把思考引向精深境地。金圣叹对《水浒》的评点，毛宗岗对《三国演义》的评点，脂砚斋对《红楼梦》的评点，都是中国古典小说批评史上的经典。（统编教材七年级下第74页"读书方法指导"）

再次梳理这些素材，我研读后发现，上述大家的批注大多是率性而为，不拘一格，碎片化，没有形成体系，没有理论建构，对作为阅读新手的学生而言不具有教学意义。

更重要的是，我反思了一下：是教学生学习批注呢，还是教学生学习自读？

备课思路又回到了原来的设想：教学生学习自读。尽管批注是学习自读的一个辅助方法，但是它并不是这节课的学习重点。我只能用之，而不能教学生学习和研究。

四、教学活动安排——带领学生抵达要去的地方

教材有五处旁注和一个阅读提示。以旁注和阅读提示为抓手，展开教学，是不错的思路，符合自读课文教学的一般要求。我对五处旁注的处理不平均使用力量。第一个问题可以简单地从文中找到答案，属于梳理信息，由学生自行解决；另外两个问题有些难度，我以问题为导向，在学生自读的基础上，各有侧重地进行指导。在全课结束之前，用阅读提示启发学生再思考，再提炼，再提升。

教学时，我重点以第二个问题为抓手，引导学生细读文本。先请学生读原文：

【PPT 出示】

如今，它开了花，虽然长得弱小，骨朵儿也不见繁，一夜之间，花竟全开了呢。我曾去看过终南山下的夹竹桃花，也去领略过马嵬坡前的蜜水桃花，那花儿开得火灼灼的，可我的小桃树，一颗"仙桃"的种子，却开得太白了，太淡了，那瓣片儿单薄得似纸做的，没有肉的感觉，没有粉的感觉，像是患了重病的少女，苍白白的脸，又偏苦涩涩地笑着。我忍不住几分忧伤，泪珠儿又要下来了。

再请学生思考旁注中的问题：（第9段）"蓄着我的梦"的桃核长成了树，而且真的开了花。作者仅仅在写花吗？

之所以以第9段为例，适时带着学生"读—品—注"，目的有二：一是

为了避免学生自己到文中去找"字词句"而遍地开花，只有树木不见森林，肢解文本；二是，教师结合学生的阅读，也做一些精读指导，以确保教师在场。我的预设是，学生能关注到对比的写作手法、比喻和拟人的修辞手法、用词的生动（叠词）、描写的角度（情态描写）、"我"在文中。

在此基础上，提问：从这里的文字的描写中，你读到了小桃树的什么情态？在学生理解了小桃树遭受风雨的摧残而弱不禁风、摇摇欲坠的状态后，教师再辅之一些作者的身世，以期学生能理解，作者不仅在写花，也是在写自己，他们有着相似的身世，可谓同病相怜，如此，以花喻人，才有了落脚之处。

还有一个活动是"质疑问难"。备课时，读到教材中第二处的批注，我觉得有些不太恰当："课文中一些描写反复出现，比如多次描写小桃树'没出息'。散文中这类地方，往往寄托着深意，要仔细体会。""多次描写小桃树'没出息'"并不准确，没有"多次"，也没有写"没出息"。

恰好读到上海的詹丹教授曾就此写过一篇讨论的文章，我细细研读后发现确有道理：

从全文的语境来看，是奶奶说的"没出息"，主要是指这棵桃树的未来没有希望，只能结出一些"毛果子"，实际上是在写小桃树出生时长得"委屈"，以及后来奶奶去世作者奔丧回家后，看到开花的小桃树"在风雨里哆嗦"，特别是那些花"却开得太白了，太淡了，那瓣片儿单薄得似纸做的，没有肉的感觉，没有粉的感觉，像是患了重病的少女，苍白白的脸，又偏苦涩涩地笑着"。可能是编者把诸如此类的描写一概理解为"没出息"。（詹丹：《解读〈一棵小桃树〉》）

我决定以此为契机，让学生既要在旁注的引导下走进文本，又要力避人云亦云，养成"学贵有疑"的良好阅读习惯。我创设了这样一个情境：

【PPT 出示】

课文中一些描写反复出现，比如多次描写小桃树"没出息"。散文中这类地方，往往寄托着深意，要仔细体会。

一位专家说："多次描写小桃树'没出息'"并不准确，没有"多次"，也没有写"没出息"。你怎么看？

一词立骨的方法，点燃了学生辩论的热情，课堂上闪现出思维碰撞的火花，学生结合文本，纷纷提出自己的见解。答案是什么并不重要，重要的是学生的思维向青草更青处漫溯，借助语言文字走进文本核心。

问题三：（第13段）"我"的情感在这里来了一个转折，你读出来了吗？

教学活动是让学生朗读，找出关键的几个词语，品味其中的情感转折：从一开始对小桃树的同情、可怜、悲伤到后来的感激。

五、关于阅读提示

原打算在上课伊始就请学生读一读阅读提示，但我考虑到，如果把课本上的结论，一开始就呈现在学生面前，很容易造成一堵横亘在学生面前的墙，束缚学生的手脚和大脑。学生陷入先入为主的状态中，从此学习只是在验证教材的所言不虚，不敢越雷池半步，而变成"假装在学习"。因此，我安排在课的结尾，请学生读一读教材中的阅读提示，在经历了一节课的学习之旅后，再来比较，与自己的阅读体会有哪些相似之处，又有了哪些新的认识，或新的提升，防止学生被自己已有的固化的认知所局限。

六、关于背景资料

阅读提示中说，"我的小桃树"，就是另一个"我"。"我"也曾"哆嗦""挣扎""苦涩涩地笑着"过吗？作者的命运怎样的？教材中并未注明。不妨提供相关背景帮助学生理解，"知人论世"也是文本解读的一种方式。

总而言之，要把这篇散文读懂读深，受很多因素制约，如历史知识、人生阅历、阅读方式等等。我作为一个教师，在多少时日的备课中尚且有种种想法冒出来，左顾右盼，顾此失彼，学生仅仅在45分钟中能有多少建构，其实不能过高要求。

这篇文章可教的东西实在太多了，想一网打尽是不可能的。每一篇经典散文莫不如此。比如，第4段中的"拱出一点嫩绿儿"，与第8段中的"那桃树被猪拱折过一次"，两个"拱"，意义有何不同？"拱出一点嫩绿儿"，对照"小草偷偷地从土里钻出来"，表现出成长非常艰难。还有什么地方写它成长的艰难？（"被猪拱折过一次"）到底是"有出息"还是"没出息"？奶奶当初的预言，文中没有找到答案，那么，作者到底是想表达什么？如果让你重新批注，你会怎么做？这些问题，都挺有价值的。关键是在一节45分钟的课上，我能教什么，学生能学什么，弱水三千只取一瓢饮。这就需要我们思考如何取舍，在一节课有"一得"，足矣。

这是一篇自读课文，对象是初一的学生，要基于学生的生活经验，教学生学习自读，让学习真正发生。教师在教读课上可以大讲特讲，挖地三尺，非咀嚼出其微言大义不可；在自读课上就要有所节制，一定要克制自己喋喋不休的"讲的冲动"。

提挈"三个一",指向"两个一"
——我教《周亚夫军细柳》

王荣生教授认为:"学习文言文,研习谋篇布局的章法、体会炼字炼句的艺术,是两个重点。"那么,一节45分钟的课,能做什么,又怎么做呢?

2017年12月15日,笔者应邀在"江苏省初中语文统编教材阅读教学专题研讨活动"中,执教了观摩课《周亚夫军细柳》。我通过品读"三个一"(即"一段文,一句话,一个词"),来达成"两个一"(即"章法考究处、炼字炼句处")的教学目标。

一、一段文

所谓"一段文",就是文章的第2段,这是全文的主体部分。

上课时,我先请学生自读课文,疏通字词,对于不能把握读音或难以理解的词句进行针对性指导。学生经过两轮自读后,我设计了一个"考考你"的小活动,把文章第2段标点符号去掉,请学生读一读。

【PPT出示】

考考你

上自劳军至霸上及棘门军直驰入将以下骑送迎已而之细柳军军士吏被甲锐兵刃彀弓弩持满天子先驱至不得入先驱曰天子且至军门都尉曰将军令曰军中闻将军令不闻天子之诏居无何上至又不得入于是上乃使使持节诏将

军吾欲入劳军亚夫乃传言开壁门壁门士吏谓从属车骑曰将军约军中不得驱驰于是天子乃按辔徐行至营将军亚夫持兵揖曰介胄之士不拜请以军礼见天子为动改容式车使人称谢皇帝敬劳将军成礼而去

  设计这个活动有两个目的。

  一是了解学生对文本的熟悉程度。如果能离开句读读通文章,则可以进一步深入解读文本,探骊得珠;如果不能,则需要再读。我极力反对,文本尚且不能读通读熟,就去挖掘什么宏大主题。正如罗家伦先生在《学问与智慧》中所说:"'读书得间',就是智慧的表现。'鞭辟入里''豁然贯通',都是不容易的事。若是像讽诵高头讲章的读法,则虽'读破五车',有何用处?"

  二是借这个活动形式,激发学生"真读书"。绝大多数语文老师都明白,读书是阅读教学的前提,但是,如何读却不太关注。一些公开课上,我们常见老师让学生"自由地把文章读一遍",于是,学生开始从头到尾一遍又一遍傻傻地"熟读课文",老师则在教室里走来走去做"巡视"状。据我观察,还有类似的"用自己喜欢的方式读课文"等,无明确要求、无方法指导、无任务指向,天地玄黄吼一通,大多数是一种"假读书"。真读书,是要全身心地投入,口、手、耳、脑并用的(特殊的阅读方式例外,如默读)。隐去句读,就是倒逼学生在思考中把握语句之间的停顿,在反复尝试和挑战中初步"意会",在揣摩的基础上表达,而不仅仅发出声音来。

  面对这种富有挑战性的活动,起初学生有些为难,后来有几个男孩子勇敢地尝试,再后来,跃跃欲试的人渐渐多了起来。这一学习过程,学生经历了由不会到会、由不顺到顺的拾级而上的过程,为下面的细读文本做好了铺垫。毋庸置疑,文章的主体部分需要精读,但首先要读。熟读之后,学生对文章形成阅读初体验,对于主旨把握也就有了可能和依托。

二、一句话

所谓"一句话",即文中的"文帝曰:'嗟乎,此真将军矣!'"这是关乎全文核心要旨的一句话,不能绕开。

上课时,我问同学们,是否有人听说鲁迅先生对《史记》的经典评价?学生七嘴八舌地说知道,即"史家之绝唱,无韵之《离骚》"。我请一个学生大致解释了一下这句话的意思。我希望同伴的介绍,能让更多学生明白,《史记》不仅是一般的历史文本,在我们语文课上,要当作语文学习的材料,我们主要关注的就是其"语文学习的价值"。(教材中的另一篇课文《陈涉世家》也是如此)学生大致理解"无韵之《离骚》",是侧重于文本的"文学价值"。我顺势介绍:文学价值,有时就表现在作者借助了一些语言来描写人物。正如曹文轩所说:"在似乎无休止的叙述和描写暂时停止从而转让给人物对话时,将会使阅读进入充满兴趣的状态,其情形犹如走在荒寂的野道上,忽然听到了人的谈话声。"

因此,我们有必要读好人物的对话。在这个阶段,我并不急于要学生透过语言一步到位读出"人物性格",只是先有个初步感受即可。要求学生梳理出文中的对话,先自己"自言自语"一番,再同桌互读,然后我投影几组代表性的对话,师生合作读。

【PPT 出示】
先驱曰:"天子且至!"
军门都尉曰:"将军令曰'军中闻将军令,不闻天子之诏'。"
于是上乃使使持节诏将军:"吾欲入劳军。"
壁门士吏谓从属车骑曰:"将军约,军中不得驱驰。"
至营,将军亚夫持兵揖曰:"介胄之士不拜,请以军礼见。"
天子为动,改容式车。使人称谢:"皇帝敬劳将军。"
文帝曰:"嗟乎,此真将军矣!"

在师生合作演读的基础上,我提问:"如果全文只能留下一句,你觉得留下哪一句？为什么？"学生大多表示，"文帝曰：'嗟乎，此真将军矣！'"最值得留下，并争先恐后地想演读这个句子。围绕这个句子，有了以下教学片段：

师：如何读好这一句？
生：要重读"真"字，其中带有文帝对周亚夫的称赞。
生：我认为"嗟乎"一词要读出感慨的语气，这表现了皇帝对周亚夫的敬意。生活中，我们也常常会用一些语气词来表达情感。如，"啊，妈妈烧的菜真好吃！"
生：句末的"矣"字，也不能忽视，要略带拖腔，读出其意犹未尽的感觉。
生：（齐读）"嗟乎，此真将军矣！"

周亚夫没有迎接天子，最后才露面，且只说了一句话。然而，汉文帝出军门后不由得说"此真将军矣"，赞赏有加。可以说，文章中每一句都有丰富的意蕴，都可以咀嚼再三，但是，这么多句子，想在一节课上一网打尽，逐个分析，既不现实也无必要。这个时候，提挈能牵一发而动全身的句子，并以此为线索展开教学，以期纲举目张，就显得尤为重要。有了以上活动的蓄势，精读关键句就水到渠成了。

三、一个词

结合"文帝曰：'嗟乎，此真将军矣！'"的演读，顺势进入下一个教学环节，理解"真将军"中的"真"的含义。

师："真将军"表现在哪里呢？
生：将军亚夫持兵揖曰："介胄之士不拜，请以军礼见。"这里周亚夫的一个动作最能表示"真将军"！
师：哪一个动作？

生："揖"。

师："揖"能去掉吗？"揖"能换成"拜"吗？

生：不能去掉，也不能改为"拜"。

师：请看投影。

【PPT 出示】

作揖的基本手势是右手握拳，左手成掌，对右拳或包或盖。《说文解字》曰："跪，拜也。"也就是说，古人的跪，就是用来行拜礼的。

揖和拜是有明显区别的，拜比揖的礼节重，拜要下跪，而揖不必下跪，只是左手扶抱右手，抱抱拳而已。"拜"礼多用于下级对上级，如臣下对君王；而"揖"礼多用于平辈之间，有时也用在与陌生人打交道时。

看完上述资料后，我提醒学生，同学之间是平等关系，如果在古时候，礼仪的正确姿势，应该如何做呢？同桌之间兴趣盎然地进行情景模拟，相互比画一下"揖"的动作。这也是一种"文化"理解吧。

师：但是，皇帝与周亚夫之间却是上下级关系，理应用"拜"，周亚夫以一个动作"揖"、一句话来见皇帝。你看到了周亚夫的什么性格？

生：有礼有节。

生：恪尽职守。

生：刚正不阿。

从一个"揖"字的品析中，我和学生通过替换删改、拓展介绍、模拟体验等活动，一起介入文本，"真将军"的"真"形象已经跃然纸上了。

在此基础上，我又提出一个问题：本文题目是"周亚夫军细柳"，但是文章中真正写周亚夫的文字并不多。我把原文做了删减，请同学们看看，删减版与原文相比有什么区别，你觉得哪个版本更好？

【PPT 出示】

文帝之后六年，匈奴大入边。以河内守亚夫为将军，军细柳：以备胡。上自劳军，上乃使使持节诏将军："吾欲入劳军。"亚夫乃传言开壁门。至营，将军亚夫持兵揖曰："介胄之士不拜，请以军礼见。"成礼而去。（删减版）

下面是师生讨论的片段：

师：全文直接写周亚夫的句子只有两句。我把原文改为这样的简短文字，觉得如何？

生：写霸上、棘门军的戒备松懈，形同儿戏，与周亚夫军形成了对比，使周亚夫的形象更加鲜明突出。

生：军门都尉、壁门士吏的语言，侧面描写，表明即使周亚夫没有出场，其治军严明也可见一斑。

生：最后一段，借皇帝之口称赞周亚夫，也表现了文帝的开明，识大体。

生：结尾文帝的一段议论，仍以霸上、棘门做陪衬，首尾呼应，显得章法严谨而不失自然。

师：删改后的文字虽然简明，但原文的丰满立体随之失去，原文通过侧面描写、对比等手法，写出了周亚夫的性格特征。我们读到了"真将军"真在——

生：（归纳）治军有方，军令如山，恪尽职守，刚正不阿，凛然不可侵犯。

这一教学活动，旨在通过比较阅读，理解本文通过对比和反衬来刻画人物的方法，进而理解"章法考究处"。

肖培东老师在执教这节课时，设计了一个问题，非常巧妙，我借鉴了过来：

师：天子成礼而去，他在群臣面前对周亚夫的称赞，周亚夫自是听不到的。但我想，望着文帝离去的背影，望着他们离去的车队，周亚夫对这位天子一定也有感叹。他会怎么说？

生：嗟乎，此真天子矣！

生：嗟乎，此真明君矣！

一问两到,既突出亚夫,又显示出文帝的知人善任。这个环节中,学生也从另一个角度读到了作者笔下的文帝的性格特征。

结课时,我提醒学生回顾一下本节课的学习内容,做笔记:"文言文学习的策略:炼字炼句处,章法考究处。"我告诉大家:这节课我们主要就是抓住这两点来学习文言文。如果你能用课堂上学到的方法策略去阅读更多的文章,那么,我们就会说——

生:嗟乎,此真学生矣!
生:嗟乎,此真学习矣!
生:嗟乎,此真学矣!
师:下课。

阅读,要从一棵树扩展到一片森林。阅读教学,要力图使学生读一篇文章,就想去读一本书,带着这一节课上所学的方法、策略,走进更为广阔深远的阅读,以期达到叶圣陶先生所说的"教是为了不教"。这就是本节课的教学目的。

"黄金配角"也重要
——我教《范进中举》

提到《范进中举》，大概所有人都会想到，作者刻画的男主角范进中举后喜极发疯的精彩情节。深耕细读，可以读出小说对范进等人的讽刺，进而对封建科举制度的抨击。这似乎已经成为定论。

根据我多次执教《范进中举》以及听课观课的情形来看，学生对范进这一人物形象的分析，并不犯难；对文本主题的意义，也是比较容易读出的。如果我们教的内容，只是在重复学生的已知，那么，这样的课堂教学，意义和价值就不大。因此，我们需要思考，除此之外，还有什么可以教学生的呢？

反复阅读文本后我发现，除了范进这个主人公外，在他的身边，作者还塑造了一系列的不太重要的人物，称之为"次要人物"或配角。我们读书时，会不会把目光聚焦于主要人物，而忽视次要人物呢？会的。如果忽视了，那么，小说中的主要人物也就成了孤岛，人物形象也就不丰满、立体。

次要人物虽然"重要性"无法与主要人物相提并论，却又常常令人难以忘记。比如，《变色龙》中警官奥楚蔑洛夫背后的赫留金、将军家的厨师、路人，《我的叔叔于勒》中的"父亲""母亲""我"以及"姐夫"，《皇帝的新装》中的大臣、骗子、小孩等……小说中次要人物是不可或缺的。有的是侧面烘托，个性鲜明；有的是牵线搭桥，推进情节；有的是渲染氛围，奠定基调；有的是升华主题，画龙点睛。

倘若要评选《范进中举》中的"最佳配角"，我认为，非胡屠户莫属。他在"剧"中的表现出神入化，活灵活现，非常具有典型意义，举足轻重，不可或缺。送一个"黄金配角"的称号给胡屠户，恐不为过。

在我们的印象中，胡屠户形象已经"深入人心"，早就打上"前倨后恭、欺贫爱富、趋炎附势、嗜钱如命、庸俗自私"的烙印，定格在每一个读者心中。

胡屠户身上的标签，难道只有"可恶"？

再次通读《儒林外史》，细读《范进中举》，把目光投注到胡屠户身上，我们可以从字里行间，发现一些以前所没有关注到的东西，触动内心，若有所思。

我认为，教学《范进中举》时，毫无疑问，首要的任务是，对范进的人物形象进行鞭辟入里的分析。同时，也要带着学生走进"男二号"胡屠户的世界，通过胡屠户的语言、动作等细节描写，去认识一个众所周知的胡屠户，感受作者如何在他身上着墨，将一个前倨后恭、欺贫爱富、趋炎附势、嗜钱如命、庸俗自私的典型市侩形象刻画得入木三分，栩栩如生；还要在梳理解读的过程中，重新认识胡屠户，让胡屠户不再是一个标签人物，一个扁平人物，让这个人物立体起来。这样，读小说才会获得更加丰富、深刻、全面的体验。

那么，作者是如何将胡屠户"立"起来的呢？下面结合我在执教《范进中举》时的一些教学片段，谈谈小说教学中如何解读好"次要人物"。

一、品读胡屠户的动作，揣摩胡屠户的性格特点

我先请学生自己划一划，读一读，品一品，然后，师生集中研讨这几个句子，看看能读出一个怎样的胡屠户。

【PPT 出示】

屠户横披了衣服，腆着肚子去了。

范进因没有盘费，走去同丈人商议，被胡屠户一口啐在脸上，骂了一个狗血喷头……

屠户见女婿衣裳后襟滚皱了许多，一路低着头替他扯了几十回。

经过讨论，学生表示从中看到了胡屠户的趾高气扬、盛气凌人、对范进的蔑视。范进作为读书人，在一个屠户面前竟是如此不堪，可谓斯文扫地，一地鸡毛。一个"扯"字，一个"几十回"，动作夸张而且肉麻，但胡屠户本身却不自知，可见胡屠户骨子里低声下气，胡屠户的自豪感是建立在对于权势者的自卑的依附感上的。

二、品读胡屠户的语言，探究故事的逻辑

学生画出描写胡屠户语言的句子，假想自己就是胡屠户来演读。主要抓住胡屠户在范进中举前后的话语：

【PPT 出示】

"不要失了你的时了！你自己只觉得中了一个相公，就'癞虾蟆想吃起天鹅肉'来！我听见人说，就是中相公时，也不是你的文章，还是宗师看见你老，不过意，舍与你的。如今痴心就想中起老爷来！这些中老爷的都是天上的'文曲星'！你不看见城里张府上那些老爷，都有万贯家私，一个个方面大耳。像你这尖嘴猴腮，也该撒抛尿自己照照！不三不四，就想天鹅屁吃！趁早收了这心，明年在我们行事里替你寻一个馆，每年寻几两银子，养活你那老不死的老娘和你老婆是正经！你问我借盘缠，我一天杀一个猪还赚不得钱把银子，都把与你去丢在水里，叫我一家老小嗑西北风！"

"贤婿老爷，方才不是我敢大胆，是你老太太的主意，央我来劝你的。"

"我那里还杀猪！有我这贤婿，还怕后半世靠不着也怎的？我每常说，我的这个贤婿，才学又高，品貌又好，就是城里头那张府、周府这些老爷，也没有我女婿这样一个体面的相貌！你们不知道，得罪你们说，我小老这一双眼睛，却是认得人的，想着先年，我小女在家里长到三十多岁，多少有钱的富户要和我结亲，我自己觉得女儿像有些福气的，毕竟要嫁与个老爷，今日果然不错！"

（读毕，我和学生一起研讨。）

师：作者为胡屠户量身订制了哪些"矛盾"？

生：作者将胡屠户在女婿范进中举前后态度的截然不同、自相矛盾，刻画得淋漓尽致。

师：怎么做到的呢？

生：作者让胡屠户在称谓、品貌、学识等方面发生"变化"，变得迅速，变得自然，变得无所顾忌，变得夸张，变得很小人。这个"变"，也体现了讽刺小说的特点，也就是运用夸张手法。

师：在这些变的过程中，有哪些东西是不变的吗？

生：有不变的地方。胡屠户骨子里的那种对金钱的崇拜、对权势的畏惧却是始终不变的。

师：是啊，也正是有了这样的"变"与"不变"，小说的情节才得以展开，在矛盾中推进，曲折而生动，增添了小说的可读性。

到此，学生对胡屠户的认识，基本上达成了"教科书"般的常规认知、大众化解读，几乎是众所周知的"共识"。如果止步于此，那么，这样的课堂教学，其思维含量是有限的，甚至，学生不上这节课，自己也能读到这些。我又设计一个教学环节，让学生打破窠臼，跳出对人物形象扁平化的刻板印象。

三、再读别人眼里的胡屠户，解读人物的"不一样"

【PPT 出示】

邻居内一个尖酸人说道："罢么！胡老爹！你每日杀猪的营生，白刀子进去，红刀子出来，阎王也不知叫判官在簿子上记了你几千条铁棍；就是添上这一百棍，也打甚么要紧？只恐把铁棍子打完了，也算不到这笔帐上来。或者你救好了女婿的病，阎王叙功，从地狱里把你提上第十七层来，也不可知。"

师：这里你又读到什么？

生：邻居对胡屠户的嘲弄，也表现了胡屠户本身的社会地位低下，他也是人们嘲笑的对象。

【PPT 出示】

（当张乡绅来访时）胡屠户忙躲进女儿房里，不敢出来。

师生讨论，明确：从一个"躲"字，可以看出胡屠户骨子里也是有自卑感的，他在权贵面前非常卑微低贱。

师：通过我们刚才研读的胡屠户的动作、语言等，你能否读到一个不一样的胡屠户吗？

生：胡屠户讲的是实情，范进家境贫寒，作为老丈人，辛酸心疼，是可以理解的。

生：胡屠户给女婿找工作，也是出于关心。胡屠户自己收入也不高，杀猪赚不了几个钱，万一给了范进，又没有中举就打水漂，胡屠户也是无可奈何。

上述几个过程，可以让学生走出分析人物形象的格式思维，启发学生从文字的细微处，潜心会文，读出个性体验，胡屠户固然可笑，也有可恨、可怜、可悲的一面，获得的是一种"理解之同情"。正如卧闲草堂本第三回总评胡屠户："其骂范进时正是爱范进处，其特质如此，是以立言如此耳。细观之，原无甚可恶也。"吴敬梓对胡屠户有揭露，但同时有调侃；在调侃中，又有悲悯之情。

由此，我提醒学生思考：小说的题目是"范进中举"，作者为什么要塑造胡屠户等其他一些配角？通过讨论可知，作者吴敬梓塑造的一系列人物形象，让他们分别以不同的角色，在科举制度下粉墨登场，共同演绎了一场闹剧，从而揭示了形形色色的人的扭曲灵魂、丑恶嘴脸，以及社会虚伪、世态炎凉的现状。

教出"这一篇"的特性
——我教《昆明的雨》

语文教学，提升学生理解和运用语言形式的能力的路径一般有三："体性""类性""篇性"。以《昆明的雨》为例，我认为可以从这三个方面去确立"教什么"。

一、应体现"体性"——区别于其他学科的种差

语文学习与其他学科的不同就在于，其他学科侧重于研读"讲什么"，而语文教学侧重于研读"怎么讲"。从这个意义上说，我们至少要知道是在"教语文"，而不是教"道德与法治"，不是教"地理"，不是教"历史"。语文学习，就是要学习作者是如何运用个性化的语言文字表达个性化的情感，最终达到"学生用自己的语言表达自己的情感"。因而，在教学中，我们不能"重复学生的已知"，一味地解读这篇文章"写了什么"，总是在文中的"景""人""事"上打转。按照初二学生的阅读水平，读出这些内容并不难。学生能自行解决的，应放手让学生去主动梳理和把握。学生学语文的基本点在于如何理解作者的"谋篇布局，遣词造句"。比如，本文开头作者写为宁坤创作的一幅画，就大有深意。我出示一下资料。

【PPT 出示】

《昆明的雨》体现了对中国文章传统的继承："山的精神写不出，以烟霞写之；春的精神写不出，以草树写之。"

汪曾祺借仙人掌、菌子、杨梅、缅桂花、卖杨梅的苗族女孩、卖缅桂花的房东母女、小酌的友人来描绘出一个"明亮的、丰满的，使人动情的"昆明雨季——这与"赏花归去马蹄香"一个精神。朱自清的《春》，老舍的《济南的冬天》都是如此。汪曾祺被誉为"中国最后一个纯粹的文人，最后一个士大夫"，他对中国文化传统有深入灵魂的热爱。

教学时，我提问：作者反复说"我想念昆明的雨"，其实是"我想念昆明"，为什么题目不用"我想念昆明"呢？借助助读资料，学生很快就明白了，不能孤立地理解为"引起下文"，而应该观照全文，尤其是文章末尾处的一首诗，这样的"诗画首尾"结构，从谋篇布局上说，其实是体现了对中国文章传统的继承。此种写法，可以说上升到了审美境界，对学生走出既有的创作结构窠臼大有裨益。

二、这是一篇散文，当然要教出"类性"

散文教学既不能陷入"形散神不散"的陈词滥调中无法自拔，又不能简单套用几个板块，与小说、诗歌、剧本的学习方式和阅读方式混为一谈，把散文教得不像散文，搞得教学天下文章都一个模式。散文教学的一般特点，用王荣生先生的话来说就是"分享作者独特的情感"。

散文，姓"散"名"文"字"自我"，强调的是抒发真感情。汪曾祺对昆明的情感是"爱我所爱"，至于他人是否也像汪曾祺那样喜欢，不是语文学习应该探讨的问题。有些老师喜欢在阅读教学课的结课阶段说"通过阅读这篇文章，相信同学们也喜欢上昆明了"，纯粹是无稽之谈，故弄玄虚。学习了一篇文章，产生"虽不能至，心向往之"固然可喜，但喜欢或不喜欢昆明（或其他地方，或其他景物），不是一篇语文学习的目的，也不是一篇文章的教学所能达到的——语文教学不能夸大其词。我们所能做的，不是"占有"作者的情感，也不是"认同"作者的情感，而是"分享"作者对昆明的情感。尤其是，散文教学不能落入说大话空话、乱发宏愿、随意喊口号的境地中。

教学时，我这样来引导学生分享作者的独特情思。

师：《昆明的雨》，仅仅是为了表达"我想念昆明的雨"？

生：好像不止，但又不知道还有什么。

师：我们来读这句话："仙人掌悬空倒挂，尚能存活开花。"

（生齐读。）

师：不要急于表态，再来读读这些资料。

【PPT 出示】

助读资料：

1. 汪曾祺的一生屡遭挫折和苦难。1958年被错划为"右派"，后自我调侃说："我当了一回右派，真的是三生有幸。要不然，我这一生就更加平淡了。"十年浩劫时被关进"牛棚"，经历起落沉浮，创作《沙家浜》，还被送到"学习班"受尽不公正的待遇……

2. 汪曾祺说："我的那张画是写实的。我确实亲眼看见过倒挂着还能开花的仙人掌。"这幅画固然是"写实的"，是否同时也"抒感慨"呢？是否也是久经倒悬之苦而犹能存活开花的一代人的写照呢？ ——巫宁坤《花开正满枝》

师：汪曾祺说："画中国画还有一种乐趣，是可以在画上题诗，可寄一时意兴，抒感慨，也可以发一点牢骚。"原来如此！那么，这幅画固然是"写实的"，是否同时也"抒感慨"呢？是否也是久经倒悬之苦而犹能存活开花的一代人的写照呢？从这里，我们还可以读到什么？

生：本文不仅表达了汪曾祺对昆明的想念之情，好像还有很多想表达的东西。

生：比如历经苦难依然充满对生命的渴望。

生：文中的倒挂的仙人掌，似乎与人的命运一样，尽管总有遭遇逆境的时候，也要坦然面对，永不言败。

师（小结）：或许，我们都可以做一株即使倒挂也能开花的仙人掌。

教学中，应让学生理解作者为何对昆明情有独钟并借此抒发自己有别于他人的感慨，又是如何运用语言文字把自己的这种情感表达出来的。

俗话说"没有无缘无故的恨，也没有无缘无故的爱"。汪曾祺的"昆明情结"何在？汪曾祺1939年9月至1946年9月在昆明求学、工作生活了七年。这七年在西南联大求学和后来的工作给他的人生带来深远的影响。我又给学生补充：

【PPT 出示】

他在《觅我游踪五十年》中曾自述："我在昆明呆了七年。除了高邮、北京，在这里的时间最长，按居留次序说，昆明是我的第二故乡。少年羁旅，想走也走不开，并不真的是留恋湖山，写诗（应是偷诗）时不得不那样说而已。但是昆明的湖山是很可留恋的。"

据我课前了解，学生对昆明的理解，还只是停留在地理教材中的"四季如春"的空洞概念上，绝大多数学生没有去过昆明，对昆明压根无法产生什么感情。但这不妨碍我们学习《昆明的雨》。引入上述文字，大抵可以让学生懂得作者的情感所依。我们平常教学生写散文，无疑在情感上是有储备的，否则就会言不由衷，虚情假意，说空话套话假话，为文而文假抒情，"为赋新词强说愁"。

三、还要教出属于作者的"篇性"

既然是汪曾祺的散文，那就要教出汪曾祺散文的特点。散文与散文是不一样的，大凡名家散文，往往都会体现了"作家寻找属于自己的句子"的追求。

比如，本文的篇性即"淡而雅"。用教材阅读提示中的话来说就是："汪曾祺的散文，往往拾取生活中的琐细事物，娓娓道来，如话家常，平淡自然，却饶有趣味。"

这句话其实讲了两层意思：

（1）着眼于选材方面，都是生活中的凡人小事，不是惊天动地的大事，也不是叱咤风云的人物。比如文中所写的卖杨梅的苗族女孩、卖缅桂花的房东母女，以及莲花池边小酒店与友人小酌，前两者连姓名都语焉不详。这些生活中的凡人小事，都是作者热爱生活的表现。用汪曾祺自己的话来说："我想把生活中真实的东西、美好的东西、人的美、人的诗意告诉人们，使人们的心灵得到滋润，增强对生活的信心、信念。"课堂上，我们这样来讨论。

师：作者说，"我想念昆明的雨"，因为雨中有——
生：景。（学生读第4、5段直接写昆明的雨的句子）
生：还有物，如文中写到仙人掌、菌子、杨梅、缅桂花等。
生：我认为还有人，比如卖花的苗族女孩，善良的女房东，跳下火车去捡鸡枞菌的人，当然还有在雨中悠然踱进酒店喝酒的"我们"。
师：这些景、物、人，有什么特点？
生：他笔下的虽然都是一些小人物，但都是热爱生活的，即使身份卑微，也善于在生活当中寻找诗意和审美。
生：作者笔下的这些凡人，他们追求淡泊，力图脱离外界的喧哗和干扰，热爱生活。
师：汪曾祺笔下所写的人，是按照美的原则进行生活的，汪曾祺把自己定位于一个平民作家，将自己散文的目光定位、聚焦于凡人小事，他用自觉的平民意识抒写对生活中凡人小事的赞美。

【PPT出示】

凡人小事，热爱生活。

（2）在语言风格上，"娓娓道来，如话家常，平淡自然，却饶有趣味"。这句话又可以分为两个方面。

一方面，语言朴素自然，如话家常，平淡自然。我请学生来重点读几句汪氏风格的语言。

【PPT 出示】

（1）我不记得昆明的雨季有多长，从几月到几月，好像是相当长的。但是并不使人厌烦。因为是下下停停，停停下下，不是连绵不断，下起来没完，而且并不使人气闷。我觉得昆明雨季气压不低，人很舒服。

（2）有一种菌子，中吃不中看，叫作干巴菌。乍一看那样子，真叫人怀疑：这种东西也能吃?!

（3）颜色深褐带绿，有点像一堆半干的牛粪或一个被踩破了的马蜂窝。里头还有许多草茎、松毛、乱七八糟！可是下点功夫，把草茎松毛择净，撕成蟹腿肉粗细的丝，和青辣椒同炒，入口便会使你张目结舌：这东西这么好吃?!

师：从摘录的语段中可以看出，作者用语有什么特点?

生：简单平常，"下下停停，停停下下""下起来没完""气压不低，人很舒服""这种东西也能吃?!""这东西这么好吃?!"一点儿也没有华丽辞藻的堆砌，连修辞手法也没有用。

师：可见其语言之"淡"。

师：看老师把"牛肝菌色如牛肝，滑，嫩，鲜，香，很好吃"改为"牛肝菌色如牛肝，滑嫩鲜香，很好吃"。请两位同学分别读一读，其他同学注意体会有什么不一样的感觉。

生："牛肝菌色如牛肝，滑，嫩，鲜，香，很好吃。"

生："牛肝菌色如牛肝，滑嫩鲜香，很好吃。"

师：同学们，改过的句子，听起来有什么不同?

生：去掉逗号，没有停顿了，四个字像是一个词一样。

生：运用逗号断句，读起来就好像是"嚼一下，品一品，再嚼一下，再品一品"，适当的停顿不仅突出了牛肝菌的口感好，还为后面的"很好吃"作了铺垫。

生："很好吃"这三个字是日常用语，平淡像家常话，我看到了一个怡然自得的老人形象。

（师板书：平白如话。）

另一方面，虽然语言平淡自然，但不是粗粝的，不是浅薄的，不是庸俗的。比如，文中写卖杨梅的苗族女孩叫卖场景就很有诗意。课堂上，我们紧扣最具特点的句子，来品读汪曾祺其语言之"雅"。

师：虽然作者语言平白如话，却并不粗俗，而是写得很有诗意！你觉得哪个画面最具有诗意呢？

生：（齐读）卖杨梅的都是苗族女孩子，戴一顶小花帽子，穿着扳尖的绣了满帮花的鞋，坐在人家阶石的一角，不时吆喝一声："卖杨梅——"，声音娇娇的。她们的声音使得昆明雨季的空气更加柔和了。

师：哪里最有诗意？

生（女）："卖杨梅——"（读出了声音的柔和娇娇之感）

师：如果老师用错误的方式来读（语气生硬夸张地读，并且去掉破折号），比较一下，是否可行？（生笑）

师：你从哪里感受到诗意？

生：苗族女孩的装扮——"戴一顶小花帽子，穿着扳尖的绣了满帮花的鞋"，写的是小女孩的生活并不随意，颇有民族特色之讲究。

生：坐在人家阶石的"一角"，"不时"地吆喝一声，请注意，这里的"一角""不时"足见苗族女孩卖杨梅时的状态，不仅是为了卖杨梅而卖杨梅，因为她没有选择在闹市口，大庭广众的地方。读到这里，我们仿佛看到一幅远离尘嚣、怡然自乐、享受生活的画面。

生：小女孩的叫卖声"卖杨梅——"，其情态，其声调，用作者自己的话来说，"声音娇娇的。她们的声音使得昆明雨季的空气更加柔和了"，有了诗情画意。

师：是啊，这一句话中，苗族女孩子那种"娇媚"的情态，与明亮的、丰满的、使人动情的昆明的雨构成一幅自然、和谐、优美的风景画，读来诗意盎然。

【PPT 出示】

语言特点：平白如话，富有诗意。

通过朗读设计品味了课文的语言，体会了语言大师汪老善用话家常式的口语，以及标点、修饰词等创造语言，这就是他运用语言的独特性。正是这种独特的语言赋予了其散文意想不到的意蕴——淡而雅。

　　探索一个作者的气质、他的思想（他的生活态度，不是理念），必须由语言入手，并始终浸在作者的语言里。语言具有文化性。作品的语言映照出作者的全部文化修养。汪曾祺认为，语言是接近一个作家的可靠途径。我想，这句话也启发我们，语言是教学《昆明的雨》的"可靠途径"。

第三辑　阅读教学之思辨：
　　　　语文素养发展的本然选择

第三辑 "互联网＋语文"还是"语文＋互联网"

曾读到一个名为"基于CASH课程理念下的中学语文网络学习空间建设策略研究"的《社戏》的课例。从题目上大致知道，这个课例是一个现代信息技术背景下的探索实践，两个关键词是"CASH课程理念"和"网络学习空间"，用作者的话来说，是"通过网络学习空间的建设，构建体现CASH课程理念的特色校本课程，提升创造性阅读和批判性阅读能力，实现去班级中心"。

作者对于教学手段运用的探索值得肯定，符合时代精神。但是，读了之后，还是有些困惑。

我们先来看看这个课例中的教学设计的基本流程：

把课文与学习空间中林莽的《乡间的庙会》作对比，并借此分析以下问题。

（1）通过两篇文章提到的服饰、饮食、交通工具等的对比，比较两地气候的异同。

（2）同是唱戏，两地有何区别？你更喜欢哪一种？

（3）若去绍兴或华北乡村旅游，你会做哪些文化知识的准备？

（4）查找资料，深入分析为什么说华北某些区域有"燕赵悲歌之地"的说法，为什么绍兴文化名人辈出。

上述教学流程中，我们能看出的是，教学内容涉及"历史文化、戏曲艺术、地理气象、民俗风情、儒家文化"。这些内容，可以看作是"综合性学习"，说是"与语文有关"更为准确，但不是语文教学最重要的任务。

什么是语文课程主要的任务？2011年版课标在"前言"部分，开宗明义对"课程性质"做出了新的阐述："语文课程是一门学习语言文字运用的综合性、实践性课程。"

我们以《社戏》的教学目标为例，语文教学的目标应关注这样几点：

（1）理清小说的情节脉络。

（2）揣摩精彩细腻的描写。

（3）体会作者情感，感受风景美、人情美。

当然，这一小说精品，值得学习研究的东西太多。以上目标涉及情节、描写、人物和情感，其中揣摩描写和体会情感是研读的重点，对描写的揣摩最终指向人物和情感，这是教学重点之关键。

对照这个课例，我们发现"基于CASH课程理念下的中学语文网络学习空间建设策略研究"的《社戏》教学设计，"综合性和实践性"倒是体现得比较明显，师生借助新鲜的教学手段，在文本的外围打转，但几乎不是在教学生"学习语言文字"，因而，语文味淹没在手段、活动中，起码，不能算是一节语文课。

"如果你走进一间教室，老师正在讲课或指导学生，你会很快发现这间教室是在上历史、科学或哲学课。这跟老师讲课的方式有关，他使用的词句，讨论的方式，提出的问题，期望学生作出的答案，都会表现出他隶属的是哪个学科。如果你想继续很明白地听下去，先了解这一点是很重要的。"（莫提默·J·艾德勒、查尔斯·范多伦：《如何阅读一本书》）

对于互联网和人工智能等新兴技术背景下的语文教学，我一向支持，也觉得语文老师应该与时俱进，能拥有多种教学手段，才能跟上时代节拍，更理想地达成语文教学目标。但是我们要明白的是，再高明的手段也是为语文教学服务的，而不是语文教学为"现代信息技术"服务，切不可喧宾夺主，削足适履。在多媒体盛行时期，曾有老师上课时，把自己要说的话，都打在PPT上。"文中渗透作者对济南的冬天什么样的感情？哪些句子写出了作者这种感情？""说说文中运用了哪些修辞手法，并找出相关的句子"这些话，老师口头表达其实挺好的，也利于学生注意聆听老师的要求，但是一旦投影在屏幕上，则显得非常别扭。更有甚者，把问题的"标准答案"

也制作好了PPT，单等学生回答后，鼠标轻轻一点完美呈现，尴尬的是，一旦学生回答不出老师预设的"标准答案"，老师只好左启发右引导，直到学生完全说对才善罢甘休。如果学生说不出与老师一致的答案，那么，老师要么浑水摸鱼，要么自己悻悻地和盘托出。我曾有幸观摩一些带着手机、平板上课的"新样态"，看着学生手忙脚乱地又是上网，又是发送，语言文字的咀嚼玩味、深耕细读都抛到九霄云外，还不如直接让学生口头表达或书面表达来得更加方便。上述课例中"把课文与学习空间中的林莽的《乡间的庙会》作对比"，为什么一定要在"学习空间"中进行，而不是直接用纸质文本呢？

统编新教材总主编温儒敏先生就痛陈"多媒体滥用给语文教学带来'灾难'"，他一针见血地指出：

"现在的语文课不断穿插使用多媒体，虽然很直观，可是把课文讲解与阅读切割得零碎了。多媒体给学生提供了各种画面、音响与文字，目迷五色，课堂好像活跃了，可是学生的阅读被挤压了，文字的感受与想象给干扰了，语文课非常看重的语感也被放逐了。这样的多媒体对语文学习并没有好处。过多依赖多媒体，很多老师什么都依赖网上给结论，有结论没过程，思想容易碎片化、拼贴化。语文课应该不用或少用多媒体，让语文课重新回到朴素本真的状态中来。"

且不说当下过多的电子产品进课堂是否合适，我们需要认真思考的是，面对"互联网+"时代，我们需要的是"互联网+语文"，还是"语文+互联网"？

一句话，手段虽好，还是要适合教学内容，还要为我所用。

第三辑 单篇教学咋就成了"过街老鼠"

新课改以来,尤其是这两年统编教材背景下,各种新思想、新主张、新举措如雨后春笋,语文教坛出来阵阵清新的风。比较引人注目的是,群文阅读、主题阅读风头正劲,非连续文本更是走进了试卷,引无数学子竞折腰。有人毫不犹豫地喊出"打破"单篇教学的束缚,"克服"单篇教学的窠臼,"颠覆"单篇教学的格局,一个个凌厉的词语直指单篇教学,一夜之间,单篇教学似乎成了过街老鼠——人人喊打。

诚然,以往阅读教学确实过于倚重单篇教学,教材编写以单篇为主要形式,各种教学研讨活动中单篇教学是主角,各种考试中单篇阅读也是绝对的主力,日常阅读教学也是"一篇篇地教过来"。不可否认,某种阅读教学形式一统天下,会导致学生阅读方式单一,不利于学生未来面对更加复杂多元,以及真实情境中的文本,对培养学生的阅读能力和提升学生的思维能力肯定是掣肘和限制。阅读教学的方式应该多样多元,才能让学生更加全面立体地学会阅读。原本群文阅读、主题教学、单元教学、非连续文本(以下姑且称为"非单篇教学")之类的教学形式,并不新鲜,只是以前被人忽视而已,现在得以重视,百花齐放是好事。阅读教学中"少慢差费"的问题,一直备受诟病,至今没有得到有效解决,从单篇教学走向非单篇教学,当然可以视为一种尝试和探索。

但是,单篇教学与非单篇教学,并非相互矛盾,相互对立,你死我活,而应该共同存在,你中有我我中有你,从不同的角度,用不同的方式,通过不同的途径来指向学生的阅读素养提升。如果把语文教学的问题归咎于单篇教学，似乎不太理性；把改变目前语文教学积重难返的状况寄托在各种非单篇教学上，在我看来也过于乐观。任何一种形式的阅读，都不是包治百病的灵丹妙药。

一、目前的一些非单篇教学，尚需走进深水区，才能收获实质性效果

笔者有幸观察过一些非单篇教学的示范课。老师鼠标轻点，炫目的PPT一晃而过，加上老师强势的预设（有的看上去挺温和，其实是请君入瓮式的），个性的解读，往学生头脑中"大水猛灌"。还有些课堂，学生带着搜集来的半生不熟的材料，带着复制粘贴过来的答案，做着摘录、搬运和堆叠的工作，佶屈聱牙地点读文字，支支吾吾，吞吞吐吐，我看了都为之着急。一个连文从字顺都无法做到的人，你怎么让他去获得新知、产生启迪、生成感悟？扑面而来的资料裹挟着似是而非的术语，狂轰滥炸，一路狂奔，不知所往。学生拼凑嫁接，用自己的头脑揣摩教师的意图，用自己的嘴巴迎合着老师想说的话语，重复着网上搜索来的结论，拾人牙慧，生吞活剥。课堂看上去丰厚了，拓展了，延伸了，但只见量的堆砌，不见质的提升，像是一个检索资料的比赛，其实是一个人言说、多数人寂寞。而原本单篇教学成了一个名存实亡的引子，一个跳板，文本尚未深耕细读就被一脚踢开，进入"你说我说他说"的众说纷纭状态。公开课示范课尚且如此，日常教学怎样，可以想象。

作为一个成年人，我算是读过一点书，有时面对课堂上呈现的那些目不暇接的素材，也一时无法消化吸收，如果说一定要我说出个子丑寅卯来，还真是力不逮矣，绝对不敢贸然说自己有多深的理解和感悟。况学生乎？

真正的课堂教学，要让学习真正发生。但在有些课堂上，我们很难看到学生的学习如何发生的，面对繁杂的资料，能看到的只有认知等低阶思维，理解和运用尚无踪影，遑论分析、评价、综合、创造等高阶思维，因而，把这些非单篇阅读教学当作一个语文综合性、研究性活动中的某一个环节，也许更为妥帖。我们除了敬佩教者的探索精神外，更希望、更期待

非单篇教学要从形式走向内涵，向着丰厚、有深度的课堂教学境界进发，而不是在学生已知或自己能知能会的领域重复徘徊。我们的语文课改中，曾有把有几个学生发言当作课堂气氛活跃、把老师一声令下前后四人围坐一起当作"合作学习"、把制作几张PPT当作"运用了现代信息技术"之类的形式主义——前事不忘，后事之师。

二、单篇教学自有其存在价值，不应遭受口诛笔伐

时常会想，我作为一个成年人，一个爱读书的人，真实阅读状态是怎样的呢？我觉得我还是一篇篇地读过来的时候比较多。即便长篇，也不是一次性读完，需要时日每天读一点。纵然是自觉的"内引外联"，也是在单篇阅读达到一定的程度的基础上，触类旁通，有感而生，绝不会目光扫过文字之后，就能匆匆得到什么见识。比如，我曾先后不下五遍读过人民文学出版社的《红楼梦》，然后再与《脂砚斋评石头记》进行比较，进而有些许心得，见我所未见；又比如，我为了执教《湖心亭看雪》，就把《陶庵梦忆》读了一遍，为了执教《幽径悲剧》，把《季羡林散文》读了一遍，对同一作家的作品风格有所体认，从而既有"这一类"的思考，又抓住"这一篇"的特点，才不至于乱教一通。

这些都是在认真细读一篇篇文章之后才会做到的事情。教师在发现发掘了每一篇文本的教学价值之后，才能基于一个班的学生、一篇文章、一节45分钟的课堂梳理出教什么。如果过于任性，把学生抛到浩如烟海的文章中去捞针，就背离了课堂教学的初衷。

在英美新批评理论中，文学文本是一个独立的语言自足体，是一个独立于作者原意和读者解读的封闭对象；在结构主义文论中，文学文本被看作是一个遵循着特定组织规则和逻辑秩序的符号体系；在后结构主义理论中，文学文本具有多种被理解的可能性和意义的开放性；而在接受主义中，文学文本成为一个与文学作品相区别的概念术语，它处于读者对立面的位置上，只有通过读者的阅读和阐释才能获得意义，成为现实的文学对象。

基于上述各种理论，其实可以看出，文本是自足而又开放的。也许我

们讨论单篇教学与非单篇教学不可简而单之地与"自足与开放"一一对应，我只想借这两个概念来表达一些想法。

每一个文本都是自足的，每一个文本都是作者用自己个性化的语言来表达个性化的情感的载体，是学生学习的范本。提出"语文品质"的王尚文先生认为，"语文品质"就是指一篇语言作品遣词造句、谋篇布局的质量高下。它是语言作品的作者语文能力、语文水平的客观表现。所以，单篇教学应紧扣那些经典文本的"语文品质"，让学生产生更深的感悟和思考，甚至更容易从中学到为文的奥秘。教学讲究"一课一得"，单篇阅读教学不妨可以考虑"一篇一得"。

每一个文本又都是开放的。这为我们进行群文阅读、主题阅读、非连续文本阅读提供了支撑。联系，是需要条件的，比如，我对几篇文章都了如指掌，至少都比较熟悉了，才能有基础产生联系，否则，我是不敢妄加评论的。统编初中语文新教材采取"人文主题"和"语文要素"双线组织单元结构的编写形式。"人文主题"即按照内容类型进行单元组合，如四季美景、挚爱亲情、修身正己、人生之舟等，形成一条贯穿教材的显在线索。"人文主题"强调语文与生活的联系，重视主流文化、传统文化的渗透，促进学生形成正确的世界观、人生观和价值观。"语文要素"即语文素养的各种基本要素，包括必要的语文知识、必需的语文能力、适当的学习策略和学习习惯等。"语文要素"以语文能力为核心，促进学生阅读素养的形成。"语文要素"让培养学生的语文"核心素养"有了落脚点。"人文主题"与"语文要素"齐飞，"立德树人"与"核心素养"共进，语文教师任重而道远。

如上论述，语文课堂教学，既要关注到文本的自足性，用好每一篇文本，教好每一个自足的单篇——把文本读薄；又要关注到文本的开放性，打开文本，让文本不再是孤岛。在打通文字关的基础上，借助各种非单篇形式，怀着一种"真切的情感"，用"设身处地"的方法去拥抱文本、亲近文本——把文本读厚。

还有一个非常现实的问题，我们每个老师，是不是都能科学而灵活地处理教材，都能把单篇教学做得很好了呢？恐怕不敢乐观。不少的课堂教学，还是在教教材，压根就没能发掘教材中的密妙，有的联系，就是牵强附会，生拉硬扯，有贴标签的嫌疑。如果连一篇文章"教什么"与"怎么教"还没有弄清楚，却去探讨群文阅读、主题阅读、非连续文本阅读，有些不可思议。

单篇阅读教学是基础，只有把单篇阅读教学做好了，才能把群文阅读、主题阅读、单元阅读教好。如果连单篇教学都做不到位，奢谈其他的教学，不是玄议空谈？

非单篇教学的意义，我认为至少不能忽略以下几点：

一是寻找到群文、非连续性文本之间的关键能力点，无论是精神价值（精神成长），还是语文本身的意义（语言文字的表达能力的密妙）。"人文主题"承载了"立德树人"，教师在教学中要有机融合、随文渗透，使学生在学习语言文字的过程中潜移默化地受到熏陶，逐步树立正确的思想观念和高尚的道德情操。"只注重思想而忽略训练，所获得的思想必是浮光掠影，因为思想也就存在词汇、字句、篇章、声调里。"（朱自清：《文心·序》）

二是在整合中，培养学生的思维能力，从碎片化走向全面立体丰富，从而形成新的或是个性化的解读。所以，一定要把培养学生的高阶思维作为目标。即使一节课做不到，也要树立前瞻意识，而不是简单地重复叠加就万事大吉，更不是用形式的搔首弄姿来遮蔽内容的空虚苍白。

三是用好现有教材，充分把握统编教材的特点。统编教材的编写，凝聚着无数的专家学者名师的智慧和汗水，在我看来，总比一个人的打打闹闹要科学严谨。一个人的探索固然精神可嘉，但是我们不是在教"老师的语文"，而是在教"课程的语文"。我们固然不赞成迷信盲从，循规蹈矩，因循守旧，也不赞成随随便便，极端个性化，学生要成为他自己，而不是成为另一个"我"。

长期以来，单篇阅读教学，积累了丰富的经验，很多名师都在用大量经典的单篇教学课例阐释着他们的语文教育思想，推动着阅读教学的发展。单篇教学也依然是当下阅读教学的主要方式，岂能一棍子打死？单篇教学自有其存在的价值，不可或缺，不要轻易否定，也没有到被打倒的地步。这也许就是我们的教材依然是一篇篇课文排列的原因之一吧。

第三辑

当学生拿着参考书回答问题

有一次上课一位同学以读"教参"回答问题,当我走到这位同学面前时,他慌忙合拢"教参",紧张地抬起头看着我,等待着我的阻止或批评。但我却说了这样一番话:"这位同学学习语文能主动找一些参考书来看,这种自学的精神值得大家学习。不过现在我想请他暂时不要把参考书上的语句读出来,让大家先回答,然后请这位同学当'裁判',把同学们的答案和参考书上的答案比较一下,作出评判。"我看到这位同学听了我的话后笑眯眯地坐下,等待着行使"裁判"的"权利"。同学们的讨论很热烈,对问题取得了圆满的共识。于是我请这位同学发表"裁判意见",他说:参考书上说的,同学们也都说到了,而同学们说的有些意见,参考书上还没有呢!最后我让全班同学总结这场讨论的收获,很多同学都说要向这位同学学习,主动找一些参考书看,但看之前最好自己先好好想一想,不要用参考书代替自己的思考,也许自己思考的结果比参考书上的结论更好。

就这样,一场本来只有消极作用的"参考书风波",变成了具有积极意义的自学指导。

上面这番话,是我在钱梦龙先生的《钱梦龙经典课例品读》中读到的。敬佩于钱先生的教学智慧的同时,我又一次想到了学生使用参考书的问题。

有几次,我在观课时发现,老师提出问题后,有学生站起来侃侃而谈,回答问题滴水不漏,答案非常完美完整。刚开始时,我还给这些学生投去欣赏的目光,"真不简单",心中甚至羡慕这个班的语文老师:学生语文素养真好啊！然而，我忍不住观察后竟然发现，原来这位同学其实是拿着一本参考书在回答老师的问题，而老师还在表扬这个学生"回答得很好"，一时觉得很不是滋味。

无独有偶。有一次，观摩黄厚江老师上课，我发现黄老师突然停下来，说了一句"请同学们把资料合起来"。如果不是亲眼所见，亲耳所闻，也许你无法相信，这是在一节公开课上，黄厚江老师叮嘱学生的话。而且不止一次，在同一节课上，黄老师后来又提醒了一次学生："不许看资料。"听课时，我离讲台较远，没有看清黄老师后来说这句话时，表情是否有不快。但我能感觉到语气比第一次更重些。黄老师不愧是有涵养的全国名师，换了我，肯定会生气的。因为，学生总是拿着参考资料来回答黄老师的提问。

这样的事儿，我也亲身经历过。一次我到外地去上课，无意中发现，学生课前做了相当充分的预习，课本的字里行间做了密密麻麻的"笔记"，几乎囊括了老师上课所要提出的问题。我悄悄地问："你预习很仔细，写的这些答案是哪里来的？"一个孩子拿出一本参考书："喏，就是这个上面的。"我说："请你上课时把参考书收起来，看看梁老师讲得怎么样。"

不可否认，现在的各种教参铺天盖地，学生手里一定都会有一本或几本参考书。参考书当然具有"参考"的价值，不可简单认为好还是不好，关键是如何使用。平常教学时，我也发现，班上有学生喜欢拿着参考书回答问题。我一般都会认真给学生解释：参考书可以看，但是只能在课前或课后看，不能上课看，因为上课是学习的过程，面对问题，要先自己独立思考，你所有的回答一定得是自己思维过程和思维结果的呈现，不能用自己的嘴巴说别人的话。否则，我直接把问题和答案复印一下给大家，不更加省事吗？但那样做有百害而无一利。课前看可以起到预习的作用，课后可以用来完善自己的思考。当然，还可以用来"检验"老师有没有讲错。

不过，我也笑着告诉学生：参考书是人编写的，你还是要相信梁老师哦。

第三辑

好课借鉴：变"暗中摸索"为"明里探讨"

应邀担任评委，几位成熟型老师同题异构一篇课文。坦率地说，几节课听下来，我觉得无论是文本解读，还是教学设计，都显得一般，便与几位执教老师交流。我说，这篇课文，有几位名师都曾执教过，你们是否看过？为什么不能把那些名师课上精彩的东西巧妙地用到自己课上的呢？

一位老师说，看是看过，但是如果借鉴了名师的东西，会给人剽窃的嫌疑。

一位老师说，把别人的东西用到自己的课上，会被认为是"没有自己的东西"。

还有一位老师直接表示，不知某位名师为何许人也。

第三位老师姑且不论。上面两位老师的观点，某种程度上代表着不少老师的心声，似乎有些道理，也符合一些主流话语。大家可能都被一个悖论所困扰：一方面，明知道自己的教学思考、教学设计水平一般；另一方面，又眼睁睁看着优质的东西在那儿不敢用。我们一贯不提倡上课时照搬别人的东西，不仅是名师的，也包括网上的、教参上的。这个提法的背后意义，当然是要教者须能有独立钻研教材、研究具体学生的基本功，否则，教师学会不劳而获，生搬硬套，邯郸学步，不利于教师的个人专业发展。毋庸置疑，这个初衷是好的。

可是，面对实际情况，我觉得这个问题也需要辩证地思考，需要重新认识。我认为，好的课例，不在于是否能用，而在于能否恰当地运用。有人会说，要学习的是名师的思想和精神，而不是模仿其技术，于是对可操作的东西就变成"暗里探索",讳言"明里探究",其实是大可不必的。所谓有技术的思想和有思想的技术,二者往往是一张纸的两个面而已。

实际上,很多青年教师刚刚走上工作岗位时,学校都会安排老教师传帮带,手把手地教,甚至跟着老教师亦步亦趋地慢慢学,首先都是从模仿开始。这一点,似乎没有多少人去怀疑。既然这样,为什么要青年教师的学习仅仅局限于自己的"师父",而不是以更加宽阔的视野、更加宽广的胸怀去学习更加"技高一筹"的名师呢?

如今是信息时代,老师们所能看到的一些名师的课例,基本上都在各种媒体上广泛流传,早就不是什么秘密。除了欣赏他们的课堂教学艺术魅力之外,更主要的是,不能停留在欣赏上,向名师学习、模仿、借鉴,为我所用,这本身就是教师专业成长的一条不可或缺的路径,也是使名师优质课例的价值得以更大发挥、辐射更广的好事情。我猜想,原创者如果有知,非但不会责怪,反而会感到高兴。因为,原创者的教学思想、教学艺术,在你这儿获得了一定程度的传播,是一件善莫大焉的事情,何乐而不为?况且,名师们执教那些公开课、出版那些书,不就是为了达到这样的效果吗?至少,从未有哪位名师公开申明"本课例纯属原创,版权所有,不得效仿"。

记得黄厚江老师曾经说过,所谓好课,不是别人无法上的课,而是人人都能上的课。名师之所以成为名师,是因为他们有很多诠释自己教学思想的经典课例,本身就值得广大一线老师们学习,因为这些"代表课"一点也不神秘,具有极强的可操作性,真是"人人都能做到"。当我教学《春》的时候,常常会想到于漪老师带着学生揣摩两个"着"和两个"了"的妙处,感慨于虚词不虚;当我教学《孔乙己》时,常常会想到黄厚江老师攻其一点不及其余,以孔乙己的"手"引发由现象到本质的解读文本、浑然一体的教学设计;当我教学《愚公移山》时,常常会想起钱梦龙老师"这个年纪小小的孩子跟老愚公一起去移山,他爸爸肯让他去吗"的经典曲问。虽然不一定会完全照搬,但他们思考问题的方式、切入文本的角度、着眼学情的拿捏,给我很多启发。换句话说,如果名师的课,只是自己能上得出,别的老师只能听听、看看而已,最多感慨一句"这样的课,只有某某老师上得出",那么,我想这种课的价值就极其有限,就像先进的科学技术无法转化为第一生产力而束之高阁,不具有推广意义,对广大教师而言是中看不中用;对名师本人而言,也就是孤芳自赏而已。诗人冰心有诗云:"墙角的花,你孤芳自赏时,天地便小了。"我想,这肯定不是名师们的胸襟和追求。

在这一方面,余映潮老师的做法可谓高山仰止。他的板块式教学设计,影响了中语界一大批的教师。余老师在多家权威杂志上毫无保留地把自己的教学艺术奉献给广大教师,在全国各地开设示范课传经布道。据我所知,不少地方就开诚布公地开展学习余映潮的研究活动,有的地方甚至开宗明义地鼓励老师们"仿余"。对此,余老师不仅没有生气,反而亲自到场,现场指导,余氏风格、余式教学,一时成为不少老师争相仿学的对象,很多老师深有体会地表示,这种变"暗中摸索"为"明里探讨"的做法,现学现用,让老师们少走了不少弯路。

我曾先后听过不下于20节《皇帝的新装》公开课,自己也曾几次执教过。无论是名师,还是一般教师,以及我本人的课,仔细想想,就我有限的视野,在整体感知全文、把握全文的线索的教学匠心上,尽管教者们的设计花样繁多,深浅不一,但至今无一能与宁鸿彬老师的设计相媲美,更遑论超越了。我经常会想,宁老师的这个设计那么精彩又好学好用,为什么其他老师就不能汲取精华呢?是压根不知道,还是功力不够,或是视而不见、刻意回避?说实话,这么多的《皇帝的新装》观摩下来,各种新奇的文本解读、新鲜的教学设计,都已经淡忘,但一拿到文本,我唯一能回味再三的,还是宁老师带着学生推敲"骗"字的过程。

至于说要"有自己的东西",在我看来也是值得商榷的。取长补短,这不过是常识。奢望每一节课都要"有自己的东西",也许出发点是美好的,但既不现实,也不可能。语文教学中有很多是规定动作、规定内容,为提升学生的语文素养服务,总是绕不开的,也不是教师可随心所欲自由驰骋的,不必为了求新求异而置共性要求于不顾,置基本常识于度外。比如,上课前,课文总要学生读几遍,文中的陌生而又对文本理解有着至关重要影响的词语总要解决,一些含义深刻的句子总要让学生品读……唯一不同的只是"技术手段"。我经常对一些青年教师说，如果看到人家的精彩的片段，要记下来，下次在自己的课堂上试一试，看看效果如何。我自己在教学时，也会经常把名师课例中的我认为有价值的做法吸收到课堂上来，有时确实真心敬佩，常有豁然开朗之感。

自己的东西，固然是真实的，但可能会肤浅、偏执，甚至还会有错误，总不能因为要"个性"而敝帚自珍吧？那不是个性，而是自以为是、刚愎自用的表现，如果误导学生，就是有百害而无一利了。课上得好不好，往往不是针对教师自身而言的，而在于是否对学生的学习有利。一些有个性有才华的老师，在上课时，尽情地演绎着自己的解读，抓住文本的细枝末节，对作者大加挞伐，或者不顾文本的原生价值和教学价值，一味地鼓励学生进行颠覆性的解读，把文本的研读变成了戏说、水煮，把课堂变成个人情绪化的激情演讲，各种歪批笑谈统统被认为"个性化解读"而得到了肯定，这是不负责任的表现。这些貌似个性化的东西，其实是个人的一厢情愿，未必就经得住推敲，却披着多元的外衣，强加给学生，给学生莫衷一是、无所适从的感觉，虽然教室里热闹非凡，学生你说我说他说，偶尔撩拨起一些貌似有见地有深度的"火花"，但学生所学为何，收获几何，不得而知。

写到这儿，我得再次明确：不支持老师全盘照搬别人的教案、课件之类的做法，我强调的是，对于名师的优质课例，要能采取拿来主义，适当取舍，自然嫁接，一个合适的解读，一个巧妙的提问，一个精致的学习活动设计，用在我们的课堂上，就像写文章"常恨言语浅，不及人意深"时，不妨借鉴一句古诗词名句一样，是完全可以也应该这样做的。当一位老师成长渐趋成熟，正在形成自己的教学特色、教学风格、教学主张、教学思想的时候，就要敢于用自己独树一帜的课堂实践来为自己代言。入格，出格，螺旋上升，这是常态，甚至还会有阵痛中的涅槃与新生，那是要看个人造化的。齐白石曾说"学我者生，似我者死"，当教师的教学艺术炉火纯青时，自然也就拥有了自己的话语权，也就敢宣称"我的课堂我做主"了。

第三辑

教学有套路，不可陷太深

观摩一节公开课后，跟执教老师聊了几句。我问：为什么要请"那边靠窗户的同学来回答一下"？遇到难一点的问题，为什么要请"班长或语文课代表回答一下"？几个问题的讨论，为什么要"小组合作"，而且是"给大家三分钟时间"？

执教老师笑了笑，告诉我，这些都是沿用了多年的上课基本套路，课前设计好的程序，没想过有什么特别的意义。

对于青年教师而言，刚刚入门，首先要有格——基本程序，然后再出格——上出自己的个性化的课，是成长的必经之路。从这个意义上说，不能说这样的套路毫无价值，毕竟，没有谁天生会做教师。但是，教师不能沉迷于"套路"而买椟还珠，不能自拔。过分被形式束缚，被公式化套牢，课堂教学失去了灵动气息，一切好像就是按部就班地走程序，就连师生之间的讨论对话，也演变成"对台词"。曾听说某课改名校，规定上课老师只允许讲5分钟，其他的时间都交给学生"自由讨论"，否则就是教学事故。课改精神自然是可圈可点，但如此刻板地连老师讲的时间都严苛规定，只能是一种形式上的自缚手脚，死路一条。毕竟，课堂上教师和学生都是活生生的人，不是冷冰冰的机器，教学也不是工厂里的流水线。

老早以前听一位老师介绍经验，为了营造积极举手发言的氛围，课前做足功课，"精心安排"：老师提出问题后，会的学生举左手，不会的则举右手。这样老师就知道请谁来发言，而不至于请错了对象，让"演出"跑偏。某小学的一节公开课，课堂上需要进行水果分类，老师让孩子们说说都有什么水果。有的说苹果，老师在黑板上写"苹果"；有的说西瓜，老师写上"西瓜"……各种各样的水果说了好多，一会儿就没人举手了。这位老师说：爸爸妈妈经常给你们买水果吃，难道就这些吗？还有呀，你们再想一想。因为老师的教案里面还有，必须得对着教案说完。这时，坐在角落里的一个男同学，举着手（很低），半举不举的样子。老师看了一眼，装没看见，可是听课的老师看见了，就说，这有一个举手的。讲课的老师很不情愿地说：那你说说吧。这个孩子站起来说了一句：报告老师，回答香蕉的同学今天请假没来。全场大笑。

  一个真实的谎言被一个纯真的孩子给捅破了，让人想到了《皇帝的新装》。现实中，这种公开课——作假的课、表演的课，并不是稀奇，而是经常听到或看到。我们按照这样的套路去教学，其实是在教会孩子作假，把孩子教傻了。

  以我个人观察，公式化的教学，对学生语文学习有着致命的打击。教学一旦公式化，就无需再思考，一切只等因奉此，穿自己的鞋走别人的路，以为语文学习只要像数学那样，掌握了一个公式定理，玩命地刷几个题目，就可以举一反三，熟能生巧。殊不知，语文学习的思维方向恰恰与理科学习不同，并非举一反三，而是"举三反一"。学生的答题有了一种套路后，几乎形成了公式化语言：要赏析某个句子的妙处，头脑中往往首先想到的是"这句话运用了什么修辞手法，表现了什么"。答题时，满眼尽是"点明主旨""统领全文""承上启下""总结全文"之类的空洞概念。概括文章主旨时，也往往沿袭着"通过……写出了……表现了……赞扬了……批判了……"。分析作品时，喜欢用一个词来盖棺定论：说到孔乙己就是迂腐穷酸，说到菲利普夫妇就是势利刻薄，说到陈胜就是有勇有谋。人物的评价，往往很难用一个简单词语来涵盖的。比如，孔乙己，还有善良的一面，菲利普还有小人物生存的不易，陈胜还有功成名就之后的背信弃义，等等。尤其是介绍作者时，我们往往会受一些资料的影响，因文论人，或因人论文。比如，我们读到鲁迅的文章就喜欢往"金刚怒目"上靠，好像他不"抨击""揭露"点什么就不是他的风格，却不曾想到，鲁迅先生也有温情脉脉的一面，像选入初中语文课本中的《故乡》《从百草园到三味书屋》《雪》等，都是适合学生诵读的文章，而并不是"投枪匕首"式的战斗檄文。比如，杜甫的诗歌以"沉郁"而著称，然而被后人评为"生平第一快诗"的《闻官军收河南河北》则畅快淋漓地表达了对唐朝军队能收复失地的欣喜之情，毫无"沉郁"之感，你可以用"沉郁"来套读这首诗吗？用脱离文本的所谓的公认的"特点""评价"套解某一具体文本往往会犯以必然性抹杀偶然性的错误。说到孔子，我们也许会认为他周游列国很潇洒，却忘记了他郁郁不得志而"惶惶如丧家之犬"的尴尬，而面对《两小儿辩日》中的两个黄口小儿"日之远近"的问题，他也有"不能决也"的时候。

毋庸置疑，考试讲究"踩点打分"，这一套"公式"对付考试，是有实用价值的。问题是，这原本不过是一个"技术手段"，一旦公式化，变成教学的套路，日常教学就年复一年日复一日，与考试一一应对，就直奔功利而去，教学沦为"教考"，问题沦为"考题"，至于教学的意义、价值、审美统统无关要旨，荡然无存。

朱光潜先生的《咬文嚼字》中有一段话：

一人走过，人人就都跟着走，愈走就愈平滑俗滥，没有一点新奇的意味。字被人用得太滥，也是如此。……美人都是"柳腰桃面"，"王嫱、西施"，才子都是"学富五车，才高八斗"；谈风景必是"春花秋月"，叙离别不离"柳岸灞桥"；做买卖都有"端木遗风"，到现在用铅字排印书籍还是"付梓""杀青"。像这样例子举不胜举，它们是从前人所谓"套语"，我们所谓"滥调"。一件事物发生时立即使你联想到一些套语滥调，而你也就安于套语滥调，毫不斟酌地使用它们，并且自鸣得意。这就是近代文艺心理学家所说的"套版反应"。

还有人以课改的名义热衷于搭花架子，形式上轰轰烈烈，实质上的语言文字学习"像雾像雨又像风"。曾有一阵子，语文课堂教学出现了不少"新思维""新花样"，各种名词术语呼啸而来，文本以外的资料堆积如山，道具进课堂，上课如演戏，声光电武装到牙齿，恨不得十八般武艺全部用上。课堂上师生手忙脚乱，一个老师还不够，还要另外安排助手，像剧务一般，从多媒体的设计，到递送准备流泪的纸巾，课堂成了一个大舞台，师生尽情地演绎着教案剧。课堂热热闹闹，但是，喧嚣过后，我们是不是要认真想想，语言的建构与运用，思维的发展与提升，审美的鉴赏与创造，文化的传承与理解，落实在哪里？

《老子》有云："大智若愚，大巧若拙，大音希声，大象无形。"所以，要想学生改变学习方式，变被动为主动，成为主动的学习者，我们老师先要改变自己，突破自己，走出藩篱，海阔天空。语文课堂教学，要少一些令人生厌机械重复的套路，少一些花腔走板喧宾夺主的形式，自然一点，放松一点，纯粹一点；多一些语文教学本体性的认识和尝试，让学生多读书，圈点勾画批注，沉潜文本，涵泳咀嚼，嚼得真滋味，扎扎实实地学习和运用语言文字。

第三辑

老师，我不喜欢紫藤萝花

柳州，紫荆花开得非常盛。接我的老师，一路上绘声绘色地描述，这一年的紫荆花开出了新高度：过去是女同志在花下拍照，如今男士们也纷纷加入了；有人为了拍照，甚至开来了起重机；还有人调侃说，树上开满了大妈。

我头脑中满是这样的画面：

从未见过开得这样盛的藤萝，只见一片辉煌的淡紫色，像一条瀑布，从空中垂下，不见其发端，也不见其终极。只是深深浅浅的紫，仿佛在流动，在欢笑，在不停地生长。紫色的大条幅上，泛着点点银光，就像迸溅的水花。仔细看时，才知道那是每一朵紫花中的最浅淡的部分，在和阳光互相挑逗。

我要和学生一起学习《紫藤萝瀑布》。我问：同学们，你们喜欢紫藤萝花吗？

一个同学抢着回答：老师，我不喜欢紫藤萝花。

另一个同学说：我只喜欢我们柳州的紫荆花。

台下听课的老师都笑了。我"创设的情境"似乎失效了。

那么，没有见过，也不一定喜欢紫藤萝花，我们要不要学习这篇《紫藤萝瀑布》的课文呢？我追问。

几个小家伙想了想，举手说，要！

要学什么呢？

要知道作者通过这篇文章表达了什么情感，要学习其中的一些写法，比如修辞手法……

到这里，我们才开始学习课文。我说：今天这节课，我们就要来学习散文的阅读方法，希望同学们能有新的认识。

学生说不喜欢紫藤萝花，这是对的。他们没有见过，何谈喜欢与不喜欢？但是，这与课文的学习并无多大关系。古今中外，我们没有见过的事物多了去了，但并不妨碍我们学习和阅读相关的文章。因为，我们有语言文字。

纵然见过，是否就感同身受呢？

有人读了《从百草园到三味书屋》，兴冲冲赶去绍兴，看过百草园后，不由得感慨，不过如此，哪里有什么碧绿的菜畦，光滑的石井栏，高大的皂荚树，紫红的桑葚；也不必说在树叶里长吟的鸣蝉，伏在菜花上的肥胖的黄蜂，忽然从草间直窜向云霄里去了的轻捷的叫天子（云雀）。周围的短短的泥墙根一带，就更没有无限趣味。杂草丛生，一片荒芜，只是人头攒动，夹杂着臭豆腐干的味道。鲁迅笔下的诗情画意全无。又有人读过《济南的冬天》后，大冬天去到济南，想感受一下文章的那种温晴，却只感到极冷极干燥，什么"小摇篮""日本看护妇""小水墨画""空灵的蓝水晶"，压根儿就看不着或看不出，完全不是老舍笔下的"理想的境界"，失落顿生。

为什么呢？因为我们去看到的人和物，早已不是鲁迅和老舍笔下的人和物，也不是彼时鲁迅和老舍的心境。所谓物非人非也。错的不是作者，而是我们代入感过强所致。

散文教学教什么？用王荣生的话来说就是：一是分享作者在日常生活中感悟到的人生经验；二是体味精准的言语表达。换言之，我们教学散文，并不是要学生去对文章所描述的那个人或物认同或不认同，喜欢或不喜欢。作者的经验、情感，我们只能分享，不能占有。我们要教的是，学习作者如何运用个性化的语言表达个性化的思想情感，最终学会用自己的语言表达自己的思想情感。

由此，我想到了以前教学《国宝大熊猫》，有老师说，"我们一起来研究可爱的大熊猫，相信同学们一定会喜欢大熊猫"；教学郭沫若的《石榴》，就会发问，"学习了这篇文章，是不是从此爱上了石榴了呢"；教学《中国石拱桥》，就带着学生去研究中国石拱桥的构造、形状、特点，进而升华到高尚情操。这些做法，实在是把别人的情感强加给学生，也不是语文教学的应有之为。要有爱，要有高尚情操，要有精神成长，也需要以语言文字为凭借。

  语文教学要教什么？如何阅读文章，而不是教文章的内容。只有会读，才能登堂入室，探幽揽胜，否则就会虚无缥缈，像雨像雾又像风，就是不像语文课。

第三辑 喜欢或不喜欢，课文都要教

楼上的两位退休老人收养了几只野猫，集中在楼下小花园。时间长了，看它们有些招人喜欢，有好心人便不时去给点吃的，逗着玩玩，叫几声"咪咪"。不承想，有一天竟然被野猫给抓伤了，打疫苗花去几百元。

我得出的个人感悟是，同情、关怀、呵护的对象错了，也可能给自己招致麻烦。

我的朋友中，有几位很喜欢猫，但我不喜欢猫。对于别人是否喜欢猫，我无权置喙。世界之大，萝卜青菜，各有所爱。有朋友跟我争辩，说爱猫是富有同情心的表现，言下之意，如果我不喜欢猫，就好像不具有同情心。对此，我觉得有些勉强。我看到有人对小猫小狗宠爱有加，但赡养老人却吝啬无比，这就说不清善心到底有多少了。

忽然就想起了郑振铎先生的《猫》，这篇文章收录在统编新教材中，我曾应邀在一个全国性的研讨会上执教过。

有朋友揶揄我：你不喜欢猫，还能把《猫》教得有多好？我的回答是：我不喜欢猫，却喜欢《猫》这篇文章，也不妨碍我教《猫》。只是，教了《猫》，我还是不喜欢猫。

这就让我想起了教学内容确定的问题。从教学语文的角度看，无论我们自身是喜欢或不喜欢这篇文章，或者文中的人物事件，都不能成为左右我们是否认真对待这个文本的理由。我们教学生学语文，而不是教学生认识了解"猫"这个动物；我们不是教课文，而是用课文教。

对于《猫》，我们可以分享作者对于猫的情感，但未必就认可赞同作者的思想感情，也不是通过教《猫》而让学生喜欢上猫。比如，老舍对"济南的冬天"情有独钟，写就了名篇《济南的冬天》，有读者受之影响，跑去济南，却发现没有老舍写的那么"温晴"，遂觉失望。在布封笔下，"松鼠是一种漂亮的小动物，驯良，乖巧，很讨人喜欢"，可是，不是所有人都与作者一样认为松鼠可爱。其实，这些都是作者彼时彼地个性化的情感表达，并不是你读了就会与作者感同身受，心有戚戚焉。作者的意思也不过是借物喻人（事）而已，本意也不在猫、济南的冬天、松鼠。所以，有些课堂的结尾就值得推敲，学习了《猫》，就宣誓要"关爱小动物"，"富有同情心"；学了《石榴》，有老师说"想必同学们也爱上石榴了"；学习了《国宝大熊猫》，有老师就会深情总结"通过这节课的学习，你一定喜欢憨厚的大熊猫了！让我们采取措施，保护国宝"……你可以有所领略，有所体悟，但如果把语文教学的目的理解成为了让学生喜欢某个地方、某个季节、某种动物植物，就跑偏了。我们之所以教学《石榴》《夏》，目的不在于"石榴"和"夏"本身，而在于作者是如何用语言文字，把自己对"石榴"和"夏"的思想和情感表达出来的。至于读者是否喜欢，并不重要。

推而广之，学习了《孔乙己》，不可能喜欢"孔乙己"这个人，而是对"孔乙己"这个艺术形象更加喜欢了——我们应该和学生一起揣摩的是，作者是如何把孔乙己刻画得入木三分的。

那么，教《猫》，目的在于什么呢？学习作者如何运用语言文字表达自己的思想感情，从而学会用语言文字来表达自己的思想感情。简而言之，关注的重点是"怎么写"，而不是"写什么"。

日常教学中，我们发现，老师的个人喜好常常会表现在对文本的选择上，比如，喜欢执教诗歌、散文、小说等文艺类文本，我们随便翻开一些语文教学方面的专业刊物，大量的课例实录、教学设计、文本解读，都不厌其烦地钟情于一些经典的文学文本，研究的文章连篇累牍，文本解读的"代表作"层出不穷，许多名家名篇已经被上成了个性化的"代表课"。语文老师喜欢选择文学类文本，因为文学类文本教学往往能收获潸然泪下、怦然心动、掌声雷动的舞台效果，语文老师不讳言文学类文本"有可讲的东西"，非语文老师也爱听这样的语文课。

但是，像说明文等实用类文本（非文艺类文本），虽然编在课本中，却不受待见，备受冷遇。非但公开课上鲜有老师愿意献课，平常教学中老师们也常常觉得主题解读单一，语言文字难以有煽情效果，"这样的课文没啥意思"，似乎无法营造那种热闹的情景、闪现思维火花的对话氛围，总之，费力难出彩。于是，实用类文本要么被打入冷宫，干脆变成放任自流的"自读课"；要么教学时以轻慢的态度走过场，简单地处理成"信息的搜集与整理""知识的堆砌与罗列""术语的解释与验证"，令学生味同嚼蜡；要么迫于应试而把课文肢解成考题来分析讲解，只见"说明"不见"文"，把语文课上成科学课。这样一来，学生对非文学作品的学习更加提不起兴趣。

叶圣陶先生早就指出："国文的涵义与文学不同，它比文学宽广得多，所以教学国文并不等于教学文学。""中学语文教材不宜偏重文艺，虽然高中有文艺欣赏的项目。语文的范围广，文艺占其中的一部分。偏重了文艺，忽略了非文艺的各类文字，学生就减少了生活上的若干受用，这是语文教学的缺点。"

在我看来，实用类文本在生活中的"实用价值"是不可或缺的，出个通知，写个请假条，看看新闻，发表论文，等等，无处不在，甚至会成为支撑一个人生存的重要筹码。相比较而言，文学类文本侧重于精神成长，而非文学类文本则是物质基础。语文教学不等同于文学教育，缺少了非文学类文本的教学，学生的语文素养是残缺的，语文教学是不完整的，也是不负责任的。

语文老师不能依据个人喜好决定教或者不教。喜欢或不喜欢，课文都要教。

第三辑

咬文嚼字岂可废

咬文嚼字，亦作"咬文啮字"，原来是一个褒义词，指词句上的推敲琢磨。如《泊船瓜洲》中的诗句"春风又绿江南岸"中的"绿"字，诗人曾反复调整，先后选用了"到""过""入""满"等，最后选定为"绿"。"绿"字描述了江南绿草茸茸、生机勃勃、春意盎然的景象。"两句三年得，一吟双泪流"，这样的典故在古诗文中，比比皆是，不胜枚举。真是"都云作者痴，谁解其中味"！

也有人将咬文嚼字看作贬义词，当作"过分地斟酌字句"，用于讽刺那些专门死抠字眼而不去领会精神实质的人，讽刺像孔乙己"窃书不为偷"那样的卖弄才学、强词夺理或狡辩。元·秦简夫《晋陶母剪发待宾》第二折："你道是一点墨半张纸，不中吃，不中使……又则道俺咬文嚼字。"明·无名氏《司马相如题桥记》："如今那街市上常人，粗读几句书，咬文嚼字，人叫他做半瓶醋。"李贺《南园》："寻章摘句老雕虫，晓月当帘挂玉弓。不见年年辽海上，文章何处哭秋风？"将"寻章摘句"视为"老雕虫"，轻视之态溢于言表。

莫非，咬文嚼字错了？当然不是。朱自清先生针对有人读书喜欢囫囵吞枣，还自称"不求甚解"说了一段话：

假若我们模仿陶渊明的"好读书，不求甚解"的态度，那是有害无益的。他的不求甚解，是因为学问已经很渊博了，隐居时才自称"不求甚解"的，这句话含着他的人生观，青年人是万万不能从表面上去仿效的。如果你以为他的不求甚解，就是马虎过去的意思，那么你非但没有了解"不求甚解"这句话的意思，对于你读的书，就更无从了解。

其实，炼字炼句，自古以来就是读书和写作时的好习惯。《脂砚斋评石头记》中，大量的评析，常常让人"微笑默叹以为妙绝"，大呼过瘾。如周瑞家的引刘姥姥见凤姐时，有这样的批注：

平儿站在炕沿边，捧着一个小小的填漆茶盘，盘内一小盖钟。凤姐儿也不接茶，也不抬头［（甲侧）神情宛肖］，只管拨手炉内的灰［（甲侧）此等笔墨，真可谓追魂摄魄］，漫漫的问道："怎么还不请进来？"［（蒙侧）"还不请进来"五字，写尽天下富贵人待穷亲戚的态度］

上述材料中的批注所涉语言，虽说只是一些稀松平常的词句，但是置于那样的语言环境中，细细想来，确实如注者所言，有其奥妙，读来拍案叫绝。

2011年版新课标明确指出："语文课程是一门学习语言文字运用的综合性、实践性课程。""体味和推敲重要词句在语言环境中的意义和作用。"如此看来，咬文嚼字本没有错，是我们把经念歪了，给人以误解，就在所难免。客观地说，语文教学中，有人喜欢对语言文字死抠字眼，好微言大义，钻牛角尖，把"雕琢文字"当作"寻章摘句"，使得学生觉得语文学习乏味无聊，不受待见。这值得语文老师自我反思。

咬文嚼字，是语文学习的一个基本功，当然不是锱铢必较，一字一句去死抠，而是有重点地品味鉴赏；不是眉毛胡子一把抓，你说我说他说，这里品一个字，那里品一个句，"你喜欢哪里就品哪里"，而是选择有价值的语言文字去细细推敲，从中咂摸出味道来。把好好的文本大卸八块，把一篇篇美文割裂得支离破碎，落下一地鸡毛，造成碎片化阅读，自然是不足取的。但是，语文教学中如果不重视咬文嚼字，那么学生的语文学习就会不重视对字词的理解，对文句的理解也浮于表面，只浮光掠影地感知课文的内容、作者的情感等，容易形成华而不实、夸夸其谈、凌空蹈虚的弊病。抓住"写了什么",却对"怎么写"忽略不计,看上去言之凿凿,却往往不着边际。情感、态度、价值观失去了赖以生存的语言根基,即所谓"皮之不存毛将焉附"也。

朱光潜先生写了一篇《咬文嚼字》的文章,赋予"咬文嚼字"以公允的意义,独出机杼,实在令人信服。他认为:"咬文嚼字,在表面上像只是在斟酌文字的分量,在实际上就是调整思想和情感。从来没有一句话换一个说法而意味仍完全不变。""在文字上推敲,骨子里实在是在思想情感上'推敲'。"

他还举例说:

郭沫若先生的剧本《屈原》里婵娟骂宋玉说:"你是没有骨气的文人!"排演时他自己在台下听,嫌这话不够味,想在"没有骨气"的下面加"无耻的"三个字。一位演员提醒他把"是"改为"这","你这没有骨气的文人!"就够味了。

王尚文先生在《"语文品质"笔记》中举了两个例子:

天热了,我照例要到家乡的白马山凉快凉快。上山之后,遇到一位新来的林场副场长,就向他打听原副场长的去向。

"他调到某某林场去了。""提为正职了?""暂时还没有。"

这回答不但比"没有"准确,而且还透着对他以后会提的期盼,很"人文"。我由此立刻对他有了好印象。

言语说东说西,其实都在说自己。

"听说你太太生了?""是的。""生了个……""女儿。""一样的,一样的。"

所谓"一样的",明显是宽慰之词。但,有什么好"宽慰"的呢?无非就是表明"我是个重男轻女的人"。

遣词造句,岂能和"人文"绝缘!

会说话与说好话，效果有时有霄壤之别。前者是一种能力，后者则是"素养"了。学生语言表达上是需要经过咬文嚼字来锤炼的。比如有学生写文章时，说"今天考试成绩不好，回家要被爸爸妈妈骂了。"一个"骂"字，其实就是烂俗的语言，读来感觉父母教育孩子的方式粗鄙，思想情感也庸俗不堪，如果换成"批评""教育"，那品味自然就好多了。

我认为，语文教学中，还是需要咬文嚼字的。所不同的是，不能像以前那样通篇咬，处处嚼。"咬"要咬得准，"嚼"要嚼出味。像《孔乙己》中孔乙己的"手"，围观者的"笑"，怎能无动于衷？《紫藤萝瀑布》中开头的"我不由得停住了脚步"，结尾处的"在这浅紫色的光辉和浅紫色的芳香中，我不觉加快了脚步"，怎能不前后勾连起来让学生读出作者思想情感的变化以及行文上的照应？《变色龙》中的奥楚蔑洛夫反复"穿"和"脱"大衣的细节，岂能不细细琢磨其中的滋味？

朱光潜说："有些人根本不了解文字和思想情感的密切关系，以为更改一两个字不过是要文字顺畅些或漂亮些。其实更动了文字，就同时更动了思想情感，内容和形式是相随而变的。"对语言文字教学的"咬文嚼字"出言不逊，鄙夷不屑，对语言文字的准确使用持轻薄态度，这不是"建设"的姿态。有人满嘴跑火车，稍有语言素养的人听了都觉得难受，而其人却自我感觉甚好，那真是无知者无畏了。

第三辑 语文教学：岂会立竿见影

朋友在简书中发了一篇文章，大致意思是说，一位老师借他的班执教苏轼的《东栏梨花》，设计了这样两个教学环节：

（1）寄语传情：以"懂你——写给东坡"为题，写一段话，诗意表达你对诗人的理解与劝慰；

（2）同韵和诗：以"东栏梨花"为题，创作一首五言或七言绝句，表达清明豁达之情。

学生现场创作的文字，堪称精彩。朋友欣喜地用相当长的篇幅，把学生的现场作品展示了出来。

读了学生"当场写作"的文字，我欣赏之余，又使出唱反调的脾气，忍不住泼了一点冷水——"不要夸大一节课的作用""换言之，学生上不上这节课，一样能写出那样的文字"……

语文教学中，一直非常流行"读写结合"，原本这个说法很不错，现在这个观点也不过时，我甚为赞同。在一些公开课中，看到类似的设计，我经常会问，为什么要在阅读教学后让学生"写"？有老师认为，每一节课都要做到"读写结合"，于是，每节课都要在阅读之后来一个"写"；有老师认为，在一节课结束之前，设计一个"写"的过程，表示这节课非常完整完美，达到了一节课中"听说读写"每个要求都"落实"；有老师以为，通过这个"写"，来展示一节课的教学效果，在阅读中掌握了方法，马上就请学生动笔，或着眼于感悟，或着力于技法，直接迁移，效果显著……这些说法，我想是对"读写结合"产生了误解。

我曾经写过系列文章《每一节课都是独一无二的》，想表达的是，每一节课都很重要，具有不可复制的独特性。但是，不等于说，"重要"就是要收到立竿见影的效果。"写"与"不写"，也不可一概而论。在我看来，如果是任教老师自己的班级，持之以恒地训练学生的书面表达能力以及对文本的理解能力，也许是一个值得借鉴的做法，因为他掌握学情，并因此拟定了序列计划；如果是一个借班老师执教，试图借此环节来证明自己的教学效果，那么，则大可不必。

比如，像朋友所举的例子，我就持谨慎乐观态度。我说，如果学生通过一节课的学习，就能立即写出如此高水平的诗词来，那么，语文学习就变得简单了。

事实上，这是不可能的。

也许，我比较悲观。不要说一节课，有的人，恐怕一辈子也做不到。

那么，这位老师的课堂上，学生确确实实写出了很精彩的文字，又作何解释？

解铃还须系铃人。还是朋友自己的说法比较靠谱："因为学生通读了《苏东坡传》！"

我没有现场听课，不敢妄自揣测教者的意图。我可以想象，执教者这节课有着行云流水般的设计，以及学生的精彩表现，这是所有执教公开课的老师梦寐以求的境界。我所坚持的是，学生抒写的那些精彩文字，与本节课教学并无多大关系。我不否认，人的一生中，常常会因为一个关键事件、一句醍醐灌顶的话、一本直抵心灵的书，改变人生河流的走向。但这样的扭转乾坤的"一"，是可遇而不可求的。平常的"厚积"才有现场的"薄发"，这是一个慢慢生长的过程。

我们知道，语文教学是一个"举三反一"的过程，并不像理科学习那样"举一反三"，甚至说，举无数次也可能无法"反一"；也不像工厂流水线上产品的制造一样，学生一旦掌握一个技术，就能成为语言文字运用的熟练工。语文教学"少慢差费"，已成众多语文人的心头病，皆因为制约语文教学效果的因素复杂，远不止三言两语能说得清，也没有什么捷径可走。我们说，语文是感性的，但语文教学恰恰需要理性实践。有时，感情用事，未必就是好事。就像要求学生读一些经典是正确的，但"读经运动"则很可怕。民国时代大师辈出，人们感慨"大师之后再无大师"，然而，历史的车轮不会倒转，那个时代再也回不去了。现在所能做的，只是从中汲取一些精华。教育上有很多做法，看上去能博人眼球，一阵阵的喧嚣热闹，无异于饮鸩止渴。语文教学又是一个慢慢的过程，有人比喻为农业，窃以为比较恰当。大凡是违反自然生长规律的，都不会结出好果子，说不定还会弄出个揠苗助长的笑话来。时下有不少大棚种植的蔬菜水果，味道没有过去露天生长的口感纯正，原因大抵如此。

追求结构"完整"的课堂教学，也是一种不切实际的做法。从来没有哪一节课是完整的，所有刻意求全的做法，都是出力不讨好的，细大不捐，贪多勿得，最多算是水过地皮湿。面面俱到，蜻蜓点水，乃是课堂教学之大忌。"弱水三千，我只取一瓢饮"，才是明智选择。即使是听说读写，也不一定要在每一节课上都做到，有的可能一节课只在一个方面深挖下去。所谓一篇文章的教学价值，一节课的教学目标，也不可能与课标要求一一对应，每个方面都浅尝辄止，最终无法打到一口冒水的井。我相信，这是很多有丰富教学经验的老师的共识，无需赘言。

再说，学生当堂写作的文字之精彩，一方面，正如朋友所说，学生读了《苏东坡传》使然；另一方面，也可能是这些学生的写作能力比较强，已经怀揣一身"妙手偶得之"的功夫。我们也不能拿这些"优秀学生的作品"来佐证自己的教学有多么成功，这一点，所有的老师都要头脑清醒，绝不能贪他人之功。

我们当然不是对教者的探索精神予以否定，也不是站着说话不腰疼，从旁指手画脚，而是希望语文教学要有一个理性的认识和思考。不要夸大一节课的作用，也并非否定教师的点拨引导——那是不可或缺的，只是不要奢望一节课就出成果，见实效。锣鼓喧天，鞭炮齐鸣，那是浮躁的心态和忽悠的手段。要有"守得云开见月明"的耐心，要有舍得做一些"无用"之功的豁达，要有"蓦然回首，那人却在，灯火阑珊处"的期许。

2014 年的 11 月，我应邀到海南省上示范课。下课结束时，学生们纷纷向我说，"好喜欢梁老师的语文课"，"多么希望梁老师做我们的语文老师啊"……课后，点评专家抓住这个细节，对我给予了点赞，说一节值得学生留恋的课，肯定是一节好课。我没有因此而洋洋自得。其实，专家不知道的是，在送学生从会堂回教室的门口，我对还处在激动中的学生说："谢谢同学们！但是这一节课是我们一次不期而遇的美丽邂逅，你们语文老师的家常课才是真正有益于成长的好课，大家要珍惜！"

语文教学是由无数个"一节课"聚沙成塔，集腋成裘，最终促成学生语文素养提升的，何必立竿见影？

第三辑 语文教学的"干货"在哪里

统编版新教材总主编温儒敏先生对语文教育有许多"金句"。比如：

课改之后，有些老师上课比以前更加烦琐，课上得花里胡哨：人文教育，创新教育，合作教育；什么探究式、讨论式、发现式，等等。各种各样的程序安排都有，一节课下来，学生说说笑笑，课堂热热闹闹，若问达到了什么教学目的，完成了什么教学任务，有哪些"干货"，则茫茫然恍兮惚兮，语文课变得好看而不务实。

"干货！"两个字扑面而来，撞击内心。

温儒敏先生只用这个通俗的词语，就点出我们语文教育需要祛弊求真，剥去遮人耳目的华丽的包装，警惕自我放逐、泛化虚脱的"水货"问题，的确催人警醒。

什么是语文教学的"干货"？温先生以"阅读教学"为例说："我主张程序少一些，主要就是围绕着'读'来进行。""课上可以适当地展开讨论，但不要太多，更不能放任，教师的引导还是最重要的。""要始终注意引导学生对课文的'基本理解'。""所谓阅读教学，就是要指导学生阅读，是一种教学行为。学生的阅读有别于一般的阅读，它必须受教学目标的制约，是一种'不完全自由阅读'。"每一个金句，都点到了语文教学要害。

教学于漪的《往事依依》，有老师设计了这样的教学过程：

（1）投影《评注图像水浒传》《千家诗》的影像资料，说说你喜欢读画，还是喜欢读诗。

（2）小组讨论：根据文中两位"国文老师"的教学方式，四人小组合作讨论"假如我做语文老师"。

（3）"你们光念几篇课文是远远不够的，课外要有计划地认认真真读点好书；多读书，读好书，能丰富知识，增添智慧，成为一个志趣高尚的人。"探究这句话对我们的启发意义。

这几个教学环节，看上去正确，也符合很多人对"语文教育"的理解，但细思极恐，语文课这样教，也就仅仅是"与语文有关"而已，挤掉其中的"水分"，留下的语文教学"干货"有几何？

其实，像《往事依依》这样的没有多少文字障碍的文本，可以删繁就简，做简单的几件"语文学习"的事：

（1）为什么文中要引用那么多诗句？这个问题的讨论，可以让学生明白，适当引用诗句，真实可信。如果把这些引用的诗句都删除，文字也可以通，读者也可以理解，但缺少了"喜欢阅读《千家诗》"的可信度，内容苍白干瘪。

（2）为什么要选择"看画、读书、听课"这几件事来写？这就是选材。孩提时代值得回忆的东西很多，可写的东西也很多，但不是什么都可以纳入文章中的。原则是什么？与学生的生活实际、阅读实际相贴近，也有良好的引领作用，用现在的话说就是有"正能量"。如果一个女孩子，写自己飞檐走壁，上树掏鸟窝，下河摸鱼虾，显然不合适。（当然，艺术处理是另一回事）写"看画、读书、听课"这几件事，映照到文章结尾处老师说的话："你们光念几篇课文是远远不够的，课外要有计划地认认真真读点好书；多读书，读好书，能丰富知识，增添智慧，成为一个志趣高尚的人。"这样的话，谆谆教导铭刻在心，何止是使作者一生受用不尽，也是对读者（学生）潜移默化中所进行的"人文"熏陶。

（3）为什么要详写两位国文老师上课的情形？作者的老师可写的很多，但只选择了两位老师的"左右摇摆的身子"和"注满情思的眼睛"，来凸显国文老师上课时的入情入理、专注投入，以及由此给孩子带来的深远的影响与启迪。这就是细节描写的力量。可以在教学时，相机请学生联系自己的老师，顺其自然地写一个印象最深的细节。在后面教学《十三岁的际遇》时，还可以进行比较阅读：为何田晓菲写北大学生和老师，都采取的是群像描写，而不是个体的？与文本的主题相关，因为这是在写北大，是回忆，不是特写学生和老师，因而不需要也不能写某个具体的学生和老师。

几个环节重点突出，简单易行，且直奔学生的语文基本功而去，涉及修辞"引用"，选材"几件事"，详略处理，等等，每一处都指向"怎么写"的问题。这样一节课下来，学生必然有所得。

巧的是，著名语文教育学者李海林先生也有一篇类似观点的文章《语文教学要有"干货"》。他认为："总之，阅读教学，教师个人对文本的具体的阅读过程、阅读结论，是阅读教学的干货。我阅读文本有自己的心得，我走到课堂里就有自信心，就有教学的欲望，因为我确信我有货给学生，而且是在学生没有看到货的地方我挖出了货，是在学生自以为没有货、不可能有货的地方我挖出了货。语文教学不就是要这样去尽披在它身上的种种华丽、不华丽的外衣，直接提供干货给学生吗？"

从李海林先生的论述中可知，要想让自己的语文课有干货，首先需要有文本解读的能力，以及把自己的解读结果和过程教给学生，让学生学会自己去解读，从而学会阅读。

比如，教学巴金先生的《繁星》，我们进行文本教学解读时，就要明白，文本是以时间和地点的变化推移的：从前在家乡—三年前在南京—如今在海上。教学时，应启发学生通过阅读文章理解：写景物，不要仅仅局限于一个时间、一个点，而要力求从多个时间多个点上来表现，使得文章的内容有厚度、有深度。又比如，从前在家乡的景物写好后，作者就写了这样的句子："望着星天，我就会忘记一切，仿佛回到了母亲的怀里似的。"后面"在南京""在海上"也是同样如此。这就要引导学生关注其中的写法，在每一处写景的时候，不仅仅是写景，而是在景物之后，一定要添加一些自己的感受，而在抒写自己感受的时候，手法要多样化，如联想和想象，如用比喻、拟人等修辞手法。如此，一篇文章的教学，以时间和地点的转换为横坐标，以写景抒情为纵坐标，文章的思路清晰，立体，有血有肉。

其次，李海林先生认为阅读教学要有干货的第二个关键词是"个人"。

他说"语文教材里的作品早就有人解读了,有些解读甚至是'公共的',是大家都认可的,是作为公共常识的。即便是这样的作品,语文教师还是要有'个人化'的理解。这种'个人化'的理解也许并不是学生阅读的标杆,但对学生的阅读来说,它是一个指路牌。我们知道,指路牌并不能代替学生走向终点,但学生要走向终点又是不可或缺的。"我们习惯了网络搜索教案、照抄教科书、教学考题化,有学生戏称,现在老师教的东西,就是当年教给我爸的那些东西,真是"几十年如一日"。没有个性化的"干货",就成了大路货、地摊货、陈货,学生当然对语文学习没有兴趣了。试想,老师所讲的东西,学生都能自己去查到、从别处看到,甚至看到的还超越老师的认知,不尴尬吗?

如教学《幼时记趣》时,首先要关注到文本中写到的"三趣",这是"共识"。写事要从多个方面来表现,写三件事最好,最符合中国人的阅读心理。中国的很多文章,其实,都巧妙地暗合"三"这个数字,古典小说中"三打白骨精""三借芭蕉扇""鲁提辖三拳打死镇关西""刘姥姥三进大观园"等情节,都是如此。初中语文教材中的《邹忌讽齐王纳谏》,"三问""三答""三比""三期"的情节安排,达到了委婉劝说的目的,入情入理,使齐王受到启发,明白道理,接受意见,立即下令,改革弊政。但是,教学《幼时记趣》仅仅罗列"三趣"还不够,学生写作,简单堆叠素材也是一大缺陷。这里就要让学生明白:不是随随便便写三个趣事就大功告成,还要有一条线索,把素材串起来,文章才能具有"项链"一样的美丽,否则就是一盘散沙。《幼时记趣》中的三个趣,都围绕着"物外之趣"这一个主题而展开的。每一个趣事,不是胡乱写一通,都不纠结于事情本身。鞭打蛤蟆,不是本身之趣,而是有一种同情弱小、除暴安良的精神。观蚊如鹤,"蚊"本身有什么趣呢?令人厌恶的东西啊。但是,想象成了"鹤",则就有了物外之趣。这都是通过"见小为大"的想象手法来达成的。同样,正是有了"见小为大"的想象,才有了把小小的东西"丛草""虫蚁""土砾"当成了大东西"山林""野兽""丘壑",连癞蛤蟆也成了"庞然大物"。

如此解读,才在"公共"的基础上,烙上"个性化"的标志,更重要的是教给学生一个"指路牌",而不是总是牵着学生的手不放开。

语文教学要有"干货"，就要面对语文教育中的"花枝乱颤"而"坐怀不乱"，回到语文教学的正途上来，不畏浮云遮望眼，守得云开见月明！

对于语文教学没有"干货"的原因，温儒敏先生认为："很多老师自己不读书，不知道怎么读书，怎么指导孩子去阅读，导致他们的学生也觉得读书索然无味。"吴非老师更有一句读来扎心的经典语录："学校里最危险的现象是，一群愚蠢的人在辛勤地工作。"李海林一针见血地指出："现在语文教学效率低，学生的语文成绩差，说到底，就是有很多语文基本功不好的人在那里教语文。这真是悲哀。一些在那里'谈论语文'的人，在说着语文，就是不能拉出来遛遛，就是不能亮出语文的干货来……奇怪的是，在语文教学界，确实有语文基本功不强但天天在那里向学生介绍什么是语文的人。他在那里不是教语文，而是对别人'说'语文。照我看来，这才是问题的关键：天天对学生'说'语文，就是不'做'给学生看。"

要想让语文教学有"干货"，首先是语文老师要有"干货"。

第三辑

语文教学：不要"借助 PPT 而一顿胡扯"

2019 年 1 月 24 日晚，新东方年会上，6 名员工演唱《释放自我》（改编自《沙漠骆驼》）的视频疯狂刷屏。歌词吐槽道：

有成果那又如何，到头来干不过写 PPT 的，要问他成绩如何，他从来都不直说，掏出 PPT 一顿胡扯……

大胆的歌词被曝光后，引发广泛热议。1 月 25 日上午，新东方教育集团有限公司董事长俞敏洪微博转发了该视频。他还表示："对敢于揭露新东方问题的，创作这个节目的创作演职人员，奖励 10 万元。"

没想到，一句"干活的干不过写 PPT 的"，激起了很多人的共鸣，立即爆红网络。

这个故事衍生了诸多解读。PPT 本不过是一款图形演示文稿软件，主要用于单位文化、产品功能、成果实绩对外演示。毋庸置疑，各行各业都在用，用得好用得对，对工作是有帮助的；错在运用不当，轻重不分而已。有人认为，这是俞敏洪自编自导的一幕，意在医治大企业通病。我比较赞同这个说法。

一句"掏出 PPT 一顿胡扯"，某种程度上讽刺了那些没做出什么业绩，却凭借花里花哨的 PPT 而获利的人。

看到这些吐槽，我又一次想到了语文教学。

曾几何时，打着各种课改名义的形式主义甚嚣尘上，语文教学借助 PPT 而"一顿胡扯"的现象盛行天下。

很多课堂呈现出来的 PPT，简直可以说是乱花迷人眼，目不暇接。现在花钱购买的PPT，更是让人叹为观止。遗憾的是，挤干水分后华丽的PPT所剩无几。不少语文课，教学内容并不咋地，眼花缭乱的是一张张精美的图片，一段段声像资料，甚至连老师要说的话，要提的问题，预设的答案，都写在PPT上。单等上课时，鼠标轻轻一点，程序播放，按部就班，有条不紊。看上去五彩缤纷，高端大气上档次。观摩课后，我们要冷静思考一下，除了不知不觉地欣赏了很多精美的图片，听了不少好听的歌曲，回味了不少精彩影视的片段外，一节语文课还能留下什么？PPT都用得恰到好处也就罢了，如果教师被环环相扣严丝合缝的PPT捆住了手脚，那麻烦就大了。

所以，当有人为你制作的PPT而啧啧赞叹的时候，且慢高兴，或许，从另一个方面告诫我们，是不是"金玉其外"的PPT，掩饰了语文教学的苍白、空洞、虚无？

从这个意义上说，有些课堂考核评比将能否使用"现代信息手段"（一般指PPT）作为一个量化指标，就值得反思。上课运用PPT，这原本也不是什么坏事儿，放着好的工具手段不用，是因循守旧，抱残守缺，不思进取。问题是，一旦作为"考核标准"，不管你的教学内容合适与否，都要用PPT，置语文教学的本质于不顾，扭曲了语文教学的评价标准，就是文过饰非，"手段大于目的"。很多老师也因此陷入误区。有时，语文老师为了上一节带有PPT的课，花在制作PPT上的功夫，远远超过了文本解读和教学思考。"我再把PPT好好看一下"，成为备课的常用语。上课的流程被程序固定的PPT牵着鼻子走，其灵动性有几何哉？有老师设计了一个问题，等学生回答后，点击就出来"自由自在"这个答案。可是，教者无论如何循循善诱，学生要么说"无忧无虑"，要么说"不受拘束"，要么说"潇潇洒洒"，就是说不到老师预设的答案。学生说不到，不好意思点击到下一张PPT来揭晓答案啊。老师徒唤奈何，只好"急中生智"一下："嗯，我好像听到有人说'自由自在'了。对，就是'自由自在'！"于是，鼠标轻点，下一张PPT"自由自在""飞入"。这就是人们诟病不已的"请君入瓮法"和"浑水摸鱼法"。

我自己也曾有过类似的肤浅认识。十几年前听黄厚江老师的课，兴冲冲而来，却发现黄老师上课竟然没有用PPT。我记得当时是有些失望的，心中暗想，著名特级教师也不过如此啊。后来，多次研读黄老师的课例，认真阅读黄老师的著述，揣摩其中的教学思想，才"榨出我皮袍下面藏着的'小'来"。

语文教学，要与作品对话，与作者对话，主要以语言文字为凭借。金庸的作品被改编成无数影视剧，金庸先生本人却一直"抱怨"："看到这些电视剧，就好像看到自己的孩子给人家打一样。"为什么？因为视觉文化与语言文字文化有着巨大的差异。PPT是直接将视觉图片声像映在学生头脑中，以直观形象系统实现其表述功能，限制了学生的想象力空间；语言文字，可以以抽象的形式来反映客观世界和人的内心，给人以无限的想象空间。改编再成功，也不能等同原著。所以，从语文学习的角度考虑，我们应鼓励学生原汁原味地读"纸质原著"，而不能通过看电影来解读原著。

如果银样镴枪头，干扰了学生对语言文字的理解和认知，就不值得为秀一下花拳绣腿而浪费更多的时间；即使必要，也坚持极简原则。

好在，语文界逐步认识到，靠PPT来炫技的做法本末倒置，贻害无穷。一阵风吹过，语文课最终还是返璞归真，渐渐从"读图、听歌、看电影"时代回到了"语言文字"的根本上来。老师们能趋于理性，让PPT"为我所用"而不是被PPT所左右，令人欣慰。

再次重申我的观点：语文教学用PPT要适切，但不要借助PPT而"一顿胡扯"。

第三辑

语文教学：怎能让理性缺席

按：小文《审美：文学作品教学的核心》发表于《语文月刊》2015年第5期。有业界同仁表示质疑，或曰：把语文教育当成文学教育；或曰，过分夸大了文学教育的价值。同仁的质疑有一定的代表性。我们的思维时常会陷入非此即彼的二元对立中：你谈语言形式的重要，就被认为是漠视学生的人文教育；你谈写作技巧，就被认为灵魂主体缺失；你谈教学内容确定，就被认为教学设计被搁置；同样，你谈文学教育，就被认为是非文学类文本被冷落……其实，文中我只是谈了文学类文本教育的核心应该是"审美"，并未否定其他；而且，我本人也不赞成把语文教育与文学教育画等号。恰好看到《人民教育》上的一篇文章，有感而发，遂成此文。

《人民教育》2015年第9期专门讨论了一个话题"角逐批判性思维"，我认为对当下教育，尤其是语文教育具有非同小可的意义。

先不厌其烦地引用以下文字：

美国杜克大学"杜克国际教育"研究机构对中国学生考SAT（学术能力评估测试）进行了调查研究。他们的《2011中国SAT年度分析报告》指出："中国学生SAT的平均分数仅为1213分，与美国学生的平均分1509分差距高达近300分。这近300分的差距主要来自考查学生批评性思维能力的阅读和写作。这充分说明了中国学生整体欠缺思维能力训练，这也是目前限制中国学生学术能力的最重要的因素之一。"《2011中国SAT年度分析报告》指出，在考察批判性思维的阅读和写作时，"中国学生最大的问题出现在'比较和评价论点'这类题型中，因为这类题目需要学生剥离表象去探求文章的'前提假设'，同时对比不同作者的观点，这也成为中国学生'最大的软肋'"。

自苏格拉底以来，批判性思维便成为西方教育的重要特征，如今更已渗透于中小学日常教学中。20世纪90年代克林顿任总统期间，美国颁布法律，要求从小学高年级开始批判性思维的训练。反观我国，尽管新课程改革已实施十几年，灌输、背诵仍然是国内大多数学校的基本教学模式，至今仍未得到根本性改变。《中国教师报》援引一位业内人士这样说："对比、质疑和批判不是我们的习惯。无标准答案的教学内容，教师根本就不敢教，因为无法通过考试。"

作为一名一线教师，本人深感此言不虚。某些地方进行教育改革，为给学生减负而让历史、政治等学科实行开卷考试，但是在执行过程中，一些学校的一些老师却以"学生不愿意读书"为由，不是以此为契机深化教学改革，促进学生学会思考，学会表达，反而通过加班加点，通过管卡压的手段，强令学生仍然像过去那样死记硬背课本上的"知识点"。如此倒行逆施的应试做法，非但无人质疑，反而在一些学校成为"经验"，并且蔓延到理科。于是，有学校的数理化学科竟然也要有早读课，也要"背诵"。

因由学科之间的差异，我就不越界去讨论自己不懂的其他学科教学方法了。我之所以觉得对语文教育尤其有启发意义，是因为两个原因：

一是不少人常常把"语文"当成"文学"，"语文教育"等同于"文学教育"。我常常遇到一个比较尴尬的情形：因为经常写点文字发表，有认识我的恭维我为"文学家""作家"，还有的在酒桌上劝酒时说"喝点酒，李白就是喝酒才会写诗的嘛"。开始的时候，我还委婉解释一下，以免辜负了人家的美意：我写的都是关于"语文教育的文章"，而不是"文学创作"。后来，发现恭维我的人总是露出莫名其妙的神情，我发现解释纯属多余，就报以"呵呵"，一笑了之。

二是，叶圣陶先生在《国文教学的两个基本观念》中早就指出："第一，国文是语文学科……第二，国文的涵义与文学不同，它比文学宽广得多，所以教学国文不等于教学文学。""其实国文所包的范围很宽广，文学只是其中一个较小的范围，文学之外，同样包在国文的大范围里头的还有非文学的文章，就是普通文。这包括书信、宣言、报告书、说明书等等应用文，以及平正地写状一件东西截录一件事情的记叙文，条畅地阐明一个原理发挥一个意见的论说文。中学生要应付生活，阅读与写作的训练就不能不在文学之外，同时以这种普通文为对象。若偏重了文学，他们看报纸、杂志与各课本、参考书，就觉得是另外一回事，要好的只得自辟途径，去发见那阅读的方法，不要好的就不免马虎过去，因而减少了吸收的分量。"他又在《中学语文科课程标准》中特别说明："中学语文教材不宜偏重文艺，虽然高中有文艺欣赏的项目。语文的范围广，文艺占其中的一部分。偏重了文艺，忽略了非文艺的各类文字，学生就减少了生活上的若干受用，这是语文教学的缺点。"然而可惜的是，百年来的语文教育，似乎还未走出这个误区，不仅不少非语文老师、学生家长、社会人士，都把二者画上等号，而且不少语文老师，也自觉不自觉地偷换概念，常常把语文狭隘地理解成了"文学"。于是出现阅读教学喜欢教文学类文本，不喜欢教非文学类文本；写作教学，往往是以辞藻、抒情为能事，推崇华而不实的文字，写诗歌、散文、小说，哪怕是戏剧，但是应用文却几乎无人问津，害得学生连请假条都不会写；推荐学生读书，也总是抱着文人散文之类的文学味儿的"名著名文"，而那些有思考价值的思辨文字，如科普类文本、论述类应用文本，却被打入冷宫，似乎那些文本与语文无关……

因而，我认为当下语文教育缺乏"批判性思维"，表现为"感性有余而理性不足"。有人公开宣称，语文就是感性的，似乎语文教育只是情感宣泄，从不讲理一般；也有人公然认为，语文教育就是人文教育，担当的就是对学生进行思想品德教育。如此谬说种种，常常把语文教育拖向虚无深渊，语文教育中的理性、理趣，日渐消解，只剩下凄凄惨惨戚戚的自怨自艾，愁肠寸断的苦闷。语文教育，一味地要求学生自己去"感悟""体验"，不仅不能与当下语文教育的要求相匹配，也会令语文教育重回过去天地玄黄的老路上去。

《中国青年报》曾刊登刘莉的文章《美国小学生的"研究报告"堪比大学生论文》，说的正是实证和研究性学习的例子：美国小学五年级学生的英语阅读与写作课的作业，是写研究性论文。通过写论文，学生进行了科学研究和论证的锻炼。他们拿出来的论文，"有的已经相当于中国大学生的论文，内容之深入，篇幅之长令人惊叹"。而且"有不少小学从三年级就开始进行劝说类文章的写作训练，学生不仅要有自己独特的带有批判意识的思想，而且还要能够使自己的思想和观点有理有据地影响他人"。

我们现在的写作，也不知不觉地就以文学创作为标杆，据说，到高中了还在进行"记叙文写作"指导，真不知道我们的语文教育意欲何为。

如此"重感性轻理性"的语文教学带来的后果就是，语文教学似乎是以培养作家、文学家为己任的。这是对语文教育的狭隘理解，是一种极不负责的表现。语文教育，是要让学生成为未来公民的，是要为学生的发展留下发展空间的，岂能总是培养出一批以"风花雪月、才子佳人"为吟咏对象的文弱书生来？社会发展需要各种各样的人才。即使是写作，也不能总认为只有文学创作才是正道，社会生活既需要这些抒情性的文字，也离不开具有思考价值的文字。将来走上社会读书，也不仅仅是读怡情养性的文学作品——尽管文学作品有其独特的价值，正如作家赵丽宏所说："阅读文学作品，是一种文化的积累，一种知识的积累，一种智慧的积累，一种感情的积累。大量地阅读优秀的文学作品，不仅能增长人的知识，也能丰富人的感情，如果对文学一无所知，而想成为有文化有修养的现代文明人，那是不可想象的。有人说，一个从不阅读文学作品的人，纵然他有'硕士''博士'或者更高的学位，他也只能是一个'高智商的野蛮人'。这并不是危言耸听。亲近文学，阅读优秀的文学作品，是一个文明人增长知识、提高修养、丰富情感的极为重要的途径。这已经成为很多人的共识。"

但是，不能说文学作品就是无所不包无所不能的。

莫提默·J·艾德勒等所著的《如何读一本书》中指出，读书有两种目的：一是为了解信息而读，二是为理解而读。在谈到阅读的规则和策略时，书中有如下提示：

在阅读时必须提出问题——在阅读过程中必须尝试着自己回答问题。

对任何一本（阐释性的）书，你必须提出以下四个主要问题：（1）这本书大概讲的是什么？（2）这本书详尽阐述的是什么，是如何阐述的？（3）这本书是全部还是只有一部分正确可信？（4）这本书意义何在？

很多有识之士已经意识到并指出语文教育过于注重文学教育的弊端，并提出了一系列可操作的实施方案。2014年12月8日《人民日报》发表北大中文系原主任温儒敏教授的答记者问，题为"语文课本不只是美文汇编"，从题目中便大致可知旨在何处。王荣生就将教学文本分为"定篇""样本""例文""用件"四种，其中只有"定篇"基本上采用的是文学类的经典文本，其他几类文本则非常侧重于其实用价值。从这个意义上说，现在的中考、高考提出要淡化"文学色彩"，我认为这个方向是对的。

其实，之所以人们对批判性思维不感兴趣，恐怕与我们这个民族的传统文化有关。在我们的话语体系中，讲究的是内省自悟，韬光养晦，含蓄蕴藉，"三人行必有我师焉，择其善者而从之"；在我们的理解中，更应该反求诸己，即使明知对方有错，也学会打太极，取长补短，"其不善者而改之"，对"批判""思维"等词常常讳莫如深；一般人避尊者讳、长者讳、学者讳，似乎"怀疑"与道德品格扯上关系，有想法不敢说，不愿说。试想，一个在夹缝中成长起来的逆来顺受的受气包，会有对别人"说三道四"的习惯吗？估计有这个贼心也没这个贼胆了。一个具有"步步留心，时时在意，不肯轻易多说一句话，多行一步路"的黛玉心态，唯唯诺诺、忍气吞声的教育工作者，能教学生具有批判性思维？我表示怀疑。

从这个意义上说，感性有余、理性不足的语文教育，让师生缺少了古仁人的那份先忧后乐的责任和担当的大情怀，以小我姿态躲在文学的象牙塔中，借他人酒杯浇个人块垒，为赋新词强说愁，把自己打扮成一个舞文弄墨、花拳绣腿的迁客骚人，或者在故纸堆里讨生活，或者在媒体上博得幸名，虽说能不时制造出片面牢骚之文、刻意煽情之作，被转发连连、点赞无数，但是，除了激起公众短暂的浮躁意气之外，有多少能够启迪有价值的思考，有多少能够转化为有实效的行动，实在让人不敢高估。

孙绍振先生说，文学作品往往"无理而妙"；我认为，语文教育恰恰不能离开理性思考。

第三辑

阅读教学不是做"证明"题

一、不要证明作者的想法

理解揣摩作者的写作目的，大概就是传统上我们所熟悉的知人论世的解读文本方法。毋庸置疑，这是解读文本的方法之一。

可是，每当我想到这一话题时，心里总是不踏实。别人怎么想，我怎么知道？哪怕是有背景资料的呈现，抑或是辅之以同一作者其他作品的互证、评论者的言论。即使这样，也不能认为，我所证明的就是作者自己的想法。更何况，有些作家当初创作作品时，压根就没有我们现在所牵强附会的那么高大上的理由。有的作家坦言，自己的创作无非就是为了赚取稿费养家糊口而已。据说巴尔扎克之前跟人做生意失败欠了很多债，只好不停地写小说赚稿费还债，那些债务到他去世了还没还清。这对于总想给作者的创作一个令人景仰的缘由的人而言，可能是一个冷笑话。

优秀作品创作的动机，未必都是伟大而崇高的；伟大作品也不能完全折射出创作者本身的伟大与崇高。

作者的真实想法，只有他自己知道，别人无从得知，这是常识。我们所能知道的，无非是借助语言文字来从旁了解一些而已，但这些从旁了解的未必就符合作者的本意。

有的作品，作者直抒胸臆，读者的理解与作者的意图大致可以叠合，比如茅盾的《白杨礼赞》、郭沫若的《石榴》等。

有的作品，作者的确给读者留下了"写作意图"，但这也不妨碍读者有自己的见解。比如，莫怀戚先生的《散步》，就有"尊老爱幼"说、"责任担当"说、"珍爱生命"说等，尽管莫怀戚先生自己曾陈述写作的缘由，但实际教学中，我们发现很多老师和学生都会有与作者不相同的解读结果，至今争讼不断。又如，鲁迅先生的《从百草园到三味书屋》，尽管作者在谈及这篇文章时说是关于儿时记忆的——"我有一时，曾经屡次忆起儿时在故乡所吃的蔬果：菱角、罗汉豆、茭白、香瓜。凡这些，都是极其鲜美可口的；都曾是使我思乡的蛊惑。后来，我在久别之后尝到了，也不过如此；惟独在记忆上，还有旧来的意味留存。他们也许要哄骗我一生，使我时时反顾"（《朝花夕拾·小引》），但后来读者从寿镜吾先生的私塾空气里读到"对旧式教育"的抨击，这就恐怕是作者始料未及的吧，我猜想。

不排除一种情形，作者自己说的话、写出的文章也未必就是真实"完美"的表达。有的是故意为之。古代的一些善用春秋笔法的作者所著述的文字，如《曹刿论战》中有"齐师伐我"之句，并有"公将鼓之""一鼓作气""齐人三鼓"的叙述，可谓微言大义。没有一定的积淀，估计连皮毛都弄不懂，甚至会误读。有的则是言在此意在彼，如高尔基的《海燕》等，需要结合创作背景才能理解，此所谓"知人论世"的解读方法。这些比较含蓄隐晦的内容，还受制于读者的阅历、历史的原因等，是否能准确读懂也未可知。还有一种情形，不是所有作者都能把自己最想表达的意思表达出来，最准确真实的想法也未必就在文中能清晰地表达出来。这就是文学理论上所说的"作者未必然，读者未必不然"。即使作者没有想到写到，但是读者有可能在读的时候主动建构出新的意义。这就像每年高考题中，出现一些作者"自己不会解答"的题目一样，很多人都觉得不可思议，其实，在文学领域，乃是司空见惯的事情而已。作品一旦离开了作者，就不再由作者自己决定，而是由作品与读者一起建构了。

有的作品主题本身就多元，可以见仁见智。李商隐的《锦瑟》的主题，历来众说纷纭，影响比较大的有悼亡说、自伤说、音乐说、诗序说等。即使同持一说的，对具体诗句的理解也不尽相同。一千多年来，《锦瑟》始终像迷一样吸引着无数的读者去研究，其中不乏苏轼、朱彝尊、何焯、钱钟书、周汝昌等这些大学者。有人说一千个观众眼中就有一千个哈姆雷特，这句话拿来形容《锦瑟》《再别康桥》等作品可以说是毫不夸张。很多诗句，在历史的变迁中，早已不再是当初的意思，如"风马牛不相及""所谓伊人，在水一方"，早就转移到其他义项，至于原本的意思，只能算其中的一种了。鲁迅先生说《红楼梦》："单是命意，就因读者的眼光而有种种：经学家看见《易》，道学家看见淫，才子看见缠绵，革命家看见排满，流言家看见宫闱秘事。"请问，你能说哪一种说法是曹雪芹自己的"想法"？

因而，语文课上，不要自作多情地去证明作者的想法。你无法知道的答案，却要自以为是地去论证，不是很滑稽吗？在这样的课堂上得出的所谓"作者意图"，恐怕也是教者强加在作者头上的。

总而言之，文学作品一旦形成，便与作者分离而成为一种客观存在。作家不是权威，作品的意义存在于文本特殊的语言组织形式，即文本的结构中。对作家提供的这个可解释的客体，只有通过文本与读者的交流，才能重现最终的意义。正如伊瑟尔所说："文学文本只有当其被阅读时才能起反应。"

在我看来，阅读教学让学生依据作品语言文字读到一些什么，并且有理有据，自圆其说，这就是作品存在的价值。至于是不是作者原初的想法，其实已经不重要了。

二、不要证明教师自己的解读

有网友问：听有些名师的课，我发现一个现象，有的老师对文本的解读的确算得上是"独特""个性"，有的甚至算得上惊世骇俗，石破天惊。那些解读是老师在认真钻研之下的一些个人见解，不是学生的，也不是学生在老师的"教"之下自己解读出的，距离学生很远很远，老师只是在证明自己解读的正确性。这样的做法好吗？

答：这种情况，确实我也看到过。一节课，就是老师带着自己的解读来"教学"，教学过程就是让学生"证明"老师的解读如何独树一帜、与众不同。教师的解读有了充分预设，把自己的解读强加给学生，还是传统教学的"满堂灌",只不过穿新鞋走老路,形式上有所变化。比如,有教师把某个文本解读为某一个"主题",然后,整节课就是带着学生朝着自己的解读而卖力地证明,不达目标不罢休,实在是费力不讨好,甚至会令人厌烦。

这是一种"假教学"。

教师主动进行文本解读,是上好语文课的前提。我认为,教学情境中的文本解读,必须关注到文本和学情两个方面,这就是所谓的"教学解读"。

我们知道,文本具有原生价值和教学价值。前者是作品与生俱来的,为所有读者而准备的,通行于文学理论研究与富有文学素养的读者中(不排除学生中少数具有较高文学素养者,但毕竟是个例)。而文本的教学价值,则是在教学情境之下"学习运用语言文字"的一个"工具",是为学生服务的,是为学语文服务的,适用于教学。教师把文艺理论视域下的文本解读不经转化而直接搬到课堂中来,显然是好东西放错了地方——如果,教师的解读也是好东西的话。

任何解读都与读者的文化素质、生活阅历、理论修养、阅读视野等方面有直接联系。一般而言,教师闻道在先,阅读面、知识面、生活阅历都比学生有优势,解读文本也会有一定的优势,这也是教学之所以存在的前提,否则,就不需要教师的教了。教师在上课,尤其是公开课之前,会做大量的备课,借助于自己已有的阅读经验、他人的解读文字,或者有自己的解读技巧,形成自己的想法,原本是值得肯定的。但是,请注意,这些想法,是基于教师个人的,也许高屋建瓴,也许有深度,也许独具慧眼,也许见他人之未见。别忘了,我们是在上语文课,是在教学生学语文,而不是把学生当作百家讲坛的观众和听众——笑一笑,鼓鼓掌,"挥一挥衣袖,不带走一片云彩"。

学生阅读时就没有这么奢侈了,且不说有老师上课根本就不给学生读书时间,课文仅仅是扫一眼,就马上带着学生一路狂奔,绝尘而去,飞到文本以外去"拓展延伸"了。就算是让学生读书,可能就只是上课前几分钟粗略浏览一下文章,或者在上课时,随着老师的"教"而慢慢地走进文本。更别说有的文章篇幅比较长,读一遍文章需要很长时间;有的文章诘屈聱牙,说不定还有陌生的字词、难以理解的语句需要解决。学生在短短几分钟内"裸读",文本的陌生,阅读方法的阙如,旁征博引、拓展延伸的虚无,导致学习自然是踯躅蹒跚、走马观花、跌跌撞撞、冒冒失失、深一脚浅一脚。如此状态下,学生想读通读懂,想有个人的解读,实在是缘木求鱼。这就是我们要关注的学情。

忽略了文本和学情两个要素,所有的教学解读,都是无中生有,空穴来风。此时,老师的解读,再舌绽莲花,吐沫横飞,也不过是教师个人的独舞和炫技。

我们上课,不是为了把教师的解读,变个花样塞给学生,以展示教师个人才华,而是要带着学生走进文本,去学习阅读。要教给学生的不是结果,而是过程。教师的标新立异,振振有词,固然可能会博人眼球,但换来的可能是学生的懵懵懂懂,不知所云;热热闹闹的背后,落下一地鸡毛。

尤其是,把老师的个人解读强加给学生,也是一件很危险的事情。因为个性化的解读,不可避免地带有片面性,甚至老师也会有误读。有人曾说"所有的解读,都是误读"。话虽刻薄,不无道理。再说了,同样水平的人面对同样的问题,往往也会见仁见智的,甚至会得出完全相反的结论。因而,语文教学时,不要轻易地把自己的解读强加给学生,不能钳制学生的思维,正如新课标中所强调的那样,"不以教师的解读代替学生的解读"。应该在尽可能多地占有素材的前提下,选择适合学生的解读,尤其是那些已经得到公认的说法,与学生分享,或者积极创设氛围、条件,为学生通过自己的解读得到自己的认知提供必要的支撑——即使不完美也是有价值的。一些偏激尖刻的说法、观点,只言片语的感慨,剑走偏锋的见解,"语不惊人死不休",是否能登堂入室,要谨慎对待,切勿以奇谈怪论、插科打诨来满足学生的猎奇心理。

尽管有些老师看上去能"弯下腰倾听学生",貌似有些"对话",其实还是预设过强的"主题先行",学生只能在老师的所谓的"启发诱导"之下,亦步亦趋地走一步再走一步。请君入瓮,大概如此。

从教师的"解读"变成学生的"解读",才是语文课应有之义。王荣生教授说,语文教师的使命在于"学生不喜欢的要使他喜欢,学生不懂的要使他懂,学生读不好的要使他读好",这对我们很有启发意义。

我所说的"不要证明教师自己的解读",并非说教师不能把自己的解读呈现给学生。教师完全可以以一个读者的身份,分享自己的阅读体验,与学生一起来交流碰撞,但永远不要越俎代庖。也就是说,教师的说法,是"仅此一说"而已。

李镇西老师拿"食物喂养"比喻课堂教学的三种方式:

第一种是"填鸭式",教师觉得食物对学生有营养,于是,便不择手段地满堂灌,唯恐学生吃不饱,而全然不顾学生是否有食欲,也不管学生是否消化不良;当然,也有"高明"的教师,他会将食物先咀嚼得很细碎,然后一点一点地喂学生。第二种是"诱导式"或叫"启发式",教师不是直接将食物灌输给学生,而是把食物摆在学生面前,然后以各种美妙的语言让学生明白眼前的食物是多么富有营养,激发其食欲,使他们垂涎三尺,最后争先恐后地自己动手来取食物,再狼吞虎咽地吃下去。第三种是"共享式"或叫"分享式",面对美味食物,师生共同进餐,一道品尝;而且一边吃一边聊各自的感受,共同分享大快朵颐的乐趣。在共享的过程中,教师当然会以自己的行为感染带动学生,但更多的,是和学生平等地享用,同时又平等地交流:他不强迫学生和自己保持同一口味,允许学生对各种佳肴做出自己的评价。在愉快的共享中,师生都得到满足,都获得营养。在他看来,以上三种"进餐"方式,分别形象地代表了课堂教学中三种师生关系模式:教师绝对权威而学生绝对服从;教师在行动上似乎并不专制但思想上却分明是学生的主宰;师生平等和谐,教师在担起其教育责任的同时又尊重学生,围绕学习和学生设计,把教的过程变成学生学的过程,和学生一起进步。

分享,比灌输更重要。

三、不要证明教参的唯一正确

教参可能还是绝大多数老师最重要的帮手,有些与教材相配套的教参,凝聚着很多专家学者的智慧,基本上能贴近教学实际,贴近学生的阅读需求、阅读期待。但是教参也不是放之四海而皆准的,不能不由分说地拿来就用——语文课上,如此做教参贩子的人不在少数。以前曾有人戏说,现在老师离开了教参就不会上课了。此言不虚,至今甚至还有老师直接把教参放到讲台上,毫不避讳地照本宣科,全然不顾学生的想法。诚然,教参是有参考价值的,尤其是对于大多数解读能力不达标、学养不深厚、压根就无法独立备课的老师而言,教参委实不可或缺——至少,人家可以以此来混个饭碗,连犯错的风险也没有。每次考试阅卷时,每当遇到"答案不一致"的时候,教参往往成了解决分歧的唯一可靠依据,其他的谁能说服谁?但是,对教参有依赖症者,恐怕是很难对文本有自己的深入而独到的见解。既然唯教参马首是瞻,那么,上课时的所作所为,就是在验证教参话语的确信无疑了。长此以往,教师的文本解读能力、独立备课的能力,恐怕就会用进废退,如此恶性循环,离开教参,自然也就活不下去了。

这大概是可以归纳为教参中心。

第三辑 戏说经典当休矣

先来看几则材料:

杜甫很忙

语文课本中的杜甫画像被部分同学涂成了一些可笑的漫画,如机枪男、滑板哥、海盗、火影忍者、宠物小精灵等新形象,"杜甫很忙"这句话很快走红。之后,李白、辛弃疾也未能幸免。对这种以涂鸦方式戏说历史人物的做法,一时议论纷纷。有人认为,戏说历史人物是对文化的不尊重,我国是个崇尚传统文化的国家,杜甫精神是中华民族的精神之光,不应该丑化杜甫的形象。有人认为,娱乐要注意分寸,杜甫是伟大的爱国主义诗人,不能用戏谑的方式去对待,对历史人物要有基本尊重。也有人认为,学生涂鸦并无恶意,在课本上涂鸦本来就是不少学生的共同爱好……

抗日神剧的充斥

前几年,我国抗日剧可谓是花样百出,如"手撕鬼子""石头砸飞机"等雷人画面让观众看得直呼"抗日剧不再单纯"。有网友扒出抗日剧《铁道游击队》中的雷人剧情:剧中游击队员彭亮的自行车技术非常棒,骑出了直升机的效果,不仅旱地拔葱直接起飞,还顺便搬动了火车的道闸,同时躲开了飞来的子弹!除了这一幕外,彭大侠还在自行车的帮助下逃过追兵、飞越铁轨、碾压日寇机械化部队。这些抗日神剧片段在网络上引起热议,网友纷纷留言调侃："又颠覆了我对抗日神剧的认知……""鬼子是怎么熬过这14年抗战时间的？""牛顿哭了，说好的地心引力呢？"

六小龄童谈神剧

"艺术形式可以百花齐放，但不能胡编乱造，让孙悟空和白骨精谈恋爱我接受不了。"2015年6月16日，身着一身红衣的表演艺术家六小龄童在浙江大学为青年学子讲解西游文化时表示。六小龄童是83版《西游记》孙悟空的扮演者，他说，《西游记》是最具知名度的中国名著，雅俗共赏。"《西游记》中最核心的是拼搏进取、不屈不挠、乐观向上的精神。"六小龄童认为，《西游记》不能随意翻拍，"恶搞"会毁掉这部名著。"很多人说市场决定一切，但我并不认同。"六小龄童坦言，近年来一些《西游记》的改编作品用上了眼花缭乱的技术手段却抛弃了精髓，虽然在市场上取得成功，但"票房越高，危害越大"。

每次读到上面这些材料，我就想到自己小时候看到一些电影里有辫子功、铁头功、水上漂之类的功夫，那时看了血肉之躯能战胜敌国的洋枪洋炮时，也是意气风发，斗志昂扬，陡生英雄气概，甚至以为，英雄都是具有超自然的神力的。可是，长大了我才渐渐意识到，我的青葱岁月很多都荒废在这愚昧可笑的画面中，一旦明白事理之后只会留下被愚弄的感觉；相反，一些有血有肉有情有义有爱有恨有笑有泪的英雄，才更加真实可信。——倘若我不读书的话，也许我一辈子都不觉得可笑。鲁迅先生在《阿长与山海经》中，引述了长妈妈所讲的故事，颇能说明这个问题。长妈妈讲到长毛的故事时，绘声绘色地说道："我们就没有用么？我们也要被掳去。城外有兵来攻的时候，长毛就叫我们脱下裤子，一排一排地站在城墙上，外面的大炮就放不出来；再要放，就炸了！"原来，时过境迁，像长妈妈一样的，依然大有人在。

后来，在各种媒体上渐渐出现了"大话"经典、"水煮"经典、经典"心得"、"品"经典等层出不穷的说法，也造就了许许多多的"文化名人"，他们用个性化的方式对传统经典改写、解读，似乎成了一股风气。诚然，这些做法，在文化贫瘠的时代，的确可以让文化更加接地气，有时代气息，与平民相拥，起到了"普及"的功效。但是我们也不能忘记，普及不是迎合世俗或随乡入俗，文化的价值在于引领社会向前发展。否则，文化就是自轻自贱，沦为狗皮膏药。

  清华教授肖鹰在谈到赵本山小品时表示，"赵本山时代就要结束了"，因为赵本山小品，以逗乐观众为最主要目标，于是，"幽默的语言、夸张的肢体、无底线的自嘲、相互的揶揄讽刺，都成为赵氏喜剧逗乐观众简单粗暴却有效的元素"，失去了戏谑中的内涵，仅靠取笑和哗众取宠来取悦看客，而不像鲁迅、高晓声等一批乡土作家用戏谑的语言、喜剧的舞台，将农民的历史命运和生活、精神状态的悲剧当作喜剧来写，这种强烈的"反讽"效果，让观赏者总会笑中带泪，"一曲结束"带来的是无限的思考。

  肖鹰教授的话，让我又一次审视自己所从事的语文教学。细数我们的语文教育，曲曲折折中，一会儿东风压倒西风，一会儿西风压倒东风。有多少语文课上，以创新为名，对经典文本戏说、改编，各种歪批乱谈一时间纷至沓来，颇具娱人耳目的效果，对经典没有丝毫敬畏之心，而是肆意篡改、尽情亵玩：愚公搬家不移山了，孔乙己考上举人了，范进中举后遇到奥楚蔑洛夫了……如此怪现状，已经引起不少有识之士的注意，"回归常识""本色教学""语用"等关键词的热度上升，从某个侧面反映出人们的警惕。在《经典常谈》的序言中，朱自清先生特别强调："在中等以上的教育里，经典训练应该是一个必要的项目。经典训练的价值不在实用，而在文化。有一位外国教授说过，阅读经典的用处，就在教人见识经典一番。这是很明达的议论。"王荣生教授在论述"定篇"的含义时也说，所谓定篇的价值就像朱自清先生所指出的，"该只是了解和欣赏（理解和领会）而止"。在这里，"定篇"不承担任何附加的任务，诸如语法教学、写作训练等。同样，"定篇"也不俯就任何学生，不管他们生活处境如何、阅读情趣如何。对于"定篇"的学习的性质和要求，王荣生教授还进一步指出："作为'定篇'的选文，课程的内容既不是学生对这一'定篇'的感知，也不是教师对这一'定篇'的理解，更不是教材编撰者（语文教材专家）'个人对这些作品的把握'，而是文化、文学等专门研究者对该作品的权威解说。"甚至，作为"定篇"的内容,"分析和评价应该是有'标准答案'的,尽管往往不存在唯一的答案。这答案的'标准',便是施蛰存先生所说的'全国最有权威的学者'的学术见解"。

语文教学中常见的一些所谓"改编""改写""戏说""水煮"经典之类的事情,貌似创新之举,颠覆传统,恨不得破四旧,其实是一种对经典的不敬。经典之所以为经典,就是因为它不但历久弥新,而且常读常新,一定是有其内容和形式上的不可复制性。肆意地戏说经典,其实就是对文本的结构、语言、形式、文本内核的篡改。被调戏之下的经典,已经不复经典的那种历经时间淘洗后留下的精华。我们看到各种戏说经典的语文课堂上,的确是学生在笑,听课老师也跟着在笑,但在这娱乐化、肤浅化的笑过之后,很少有人愿意真正对经典文本进行深入的思考。即使我们推崇不唯书不唯上,敢于质疑,但是我们也不能忘了,质疑不是仅凭勇气的草莽之举,而是要有底气的。这个底气就是,你有读过200本书的功底。否则,胸无点墨,只会刷题的人,去质疑经典,无非就是胡搅蛮缠,自言自语,胡言乱语。

捍卫经典,守护经典,并不意味着因循守旧,在故纸堆里讨生活,对传统文化的深情回望,是对文化的一种传承,一种敬重,一种礼赞。

第三辑 "语文味"是什么味

参加教研室的一个活动，其间听得一位老师谈论到"语文味"的问题。一时"语文味"三个字又从我的头脑中复活。据我有限的记忆，最早说这个词的，大概是广东的程少堂先生。好像有好多年了，这个词语高频率出现在我们的语文教学研讨活动中。尽管我有多少次也把这个词儿挂在嘴上，但也就是应景说说，至于其中的意思，好像是雾里看花水中望月，未加仔细推敲。

曾几何时，我对语文课的"语文味"一说感到非常搞笑，语文课要有"语文味"，这个说法本身就充满"怪味"。

到菜场，你会说"我买青菜味"的青菜吗？

到服装店，你会说"我要衬衫味"的衬衫吗？

到饭店，你会说"我要喝有酒味"的酒吗？

据我所知，现在有一种"有香烟味"而不是香烟的戒烟香烟，但那只是味相似，其"实"是不同的两种东西。

很多时候，由于语文课外延不断被延伸，语文课承载的内容被无限拓展，语文课往往忽略了自己应该做的事，失去了应有的味道。说是买椟还珠恐怕不为过，有人甚至夸张地说语文教学"丧魂失魄"。提出语文课要有"语文味"这个显得有些荒诞不经而又无可奈何的词儿，也在情理之中。

观察一下我们的语文课，发觉失去"语文味"的情形还真不少：有的形式花哨，令学生被外在的视角冲击所干扰，漠视语言文字，沉浸在读图、听歌、绘画中。多媒体工具的推波助澜令语文课弥漫工具气息和流水线式的按部就班。有的语文课学生空有肢体活动，很少发生有含量的脑力活动，语文教学活动"乱花渐欲迷人眼"，"你方唱罢我登台"，注重了技巧和形式，忽视了语文教学的本质内容。涵泳字词，把玩佳句，解读文本，背诵古诗文，遣词造句，见微知著地阐释，高亢激昂或浅吟低唱地诵读，妙手偶得佳作，这些语文课上应该做的事儿都被打入冷宫，黯然失色。有的语文课无限拓展，内容被其他学科知识所侵占，在其他学科知识攻城略地中，渐渐乱了方寸，迷失了方向，把自己的领地拱手相让给其他学科，上成政治、历史、生物、地理、班会课，沦为其他学科的陪衬与附庸。有的语文教学目的直指考试，冰冷地解剖，反复地操练，机械地重复，语文课无血肉无感情，味同嚼蜡，令人昏昏欲睡。甚至直接用讲试卷代替上课，考什么教什么，不考不教，利益至上，追求立竿见影，无用与有用是取舍教学内容的标准。

教学观念抱残守缺、教学内容不靠谱、教学方法不给力、教学设计刻板的课，自然不是真正意义上的语文课，更没有"语文味"。

2011年版新课标中明确指出："语文课程是一门学习语言文字运用的综合性、实践性的课程。"语文教学能够正本清源，走上自己的路，这是语文教学之幸。

希望我们的教学内容姓"语"，字词句篇语修逻文一个不能少。教什么，比怎么教更重要，方向决定方法。有些公开课，有一个奇怪的现象，语文课上学生只要带着一张嘴巴，以"对话""交流""讨论"的名义，竟然整节课不用写一个字，不要完整地读一遍课文。一节课下来，鸟儿已经飞过，天空没有留下痕迹。有些也不过是画几条横线，打几个着重符号，似乎就万事大吉。这与过去学生不停地抄写老师的板书、记录老师的每一句话相比，似乎是完全走上了另一条道，其效果还是一样一样的。这样的语文课，只能说"与语文有关"，还不敢说是语文课。"在我看来，全部教育的关键在于选择完美的教育内容和尽可能使学生之思不误入歧路，而是导向事物的本源。"（雅思贝尔斯：《什么是教育》）语文教学，需要思考"教什么"，否则"怎么教"就成了皮之不存毛将焉附。

我希望语文教学要求姓"语"。字要规规矩矩地写，话要清清楚楚地说，课文要仔仔细细地读，练习要踏踏实实地做，作文要认认真真地完成。语文课上，当学生声音含混不清的时候，老师耐心等待，让学生讲清楚；读书声音过低时要求学生敢于发出自己的清晰声音，因声求气，抑扬顿挫，正如叶圣陶先生所说，"设身处地，激昂处还他个激昂，委婉处还他个委婉"；表达不规范的时候，要让学生慢慢养成说话正确流畅有感情的姿态；发现学生写错别字时，老师要敏感地要求学生订正。师生的每一次语文教学，都要有语文意识，老师站在讲台上，要敢于宣称"我即语文"，学生学习，坚信"我这是在学语文"，语文活动是"养成""熏陶""耳濡目染"，犹如农耕，深耕细作，而不是流水线出产品。语文教学就是要"教学生从不懂到懂，从不会到会，从不能到能，从知浅到知深的"，而不应急功近利，追求立竿见影。

我希望师生交往中有"文"味。教学，本质是一种相遇，是一种交往。"教育是人与人精神相契合，文化得以传递的活动。"（雅思贝尔斯：《什么是教育》）教师的语言、写字、朗读、阅读量、写作能力要能够身先垂范，腹有诗书气自华，给学生以潜移默化的影响。《红楼梦》中的王熙凤、刘姥姥，虽然斗大的字不识几个，在那个错综复杂的情境中，在那一干人等"吟诗作对风流晚，念词说句巧成章"的氛围中，竟也能游刃有余，左右逢源，固然天生异秉，也是环境使然。谁能说他们的语文核心素养输于"两脚书橱""冬烘先生"？尤其是师生之间的交往，对话、板书等要给学生很好的示范，做到文质彬彬，而不夹带口头禅，甚至粗口。语言是一把双刃剑，用得好，给学生莫大的激励，用得不好，言语伤害就会成为一种软暴力，一不留神就会伤及学生的心灵，切不可逞一时口舌之能。文章、文化、文学，都不是空穴来风，而是建立在语言文字的基础上的。

"教育是人的灵魂的教育，而非理智知识和认识的堆崇。通过教育使具有天资的人，自己选择决定成为什么样的人，以及自己把握安身立命之根。谁要是把自己单纯地局限于学习和认知上，即使他的学习能力非常强，那他的灵魂也是匮乏而不健全的。"（雅思贝尔斯：《什么是教育》）语文教学要有些乌托邦，而不是把学生引向"对有用的世俗的追求"，在学习中，只有被灵魂接受的东西才会成为精神瑰宝。文学作品的理解往往是多元的，学生的思维也是开放的，要允许各种观点碰撞而不是陷入非此即彼的二元思维中。金庸先生曾说，《西游记》被拍成电视剧后，窒息了人们的思想，限制了人们的想象。语言文字的魅力，往往就是有一种无穷的想象空间，一旦具象，则失之僵化、刻板、肤浅、片面。语文课要让学生在阅读作品中获得精神成长，不以分数、标准化、唯一性来钳制学生的思想，换之以包容、悦纳、自由、开放；不以一个声音来使学生万马齐喑，换之以虫鸟啾唧、浅吟低唱、百转千回，让课堂成为一条流淌的生命河流。学生的精神成长了，纵然在压抑苦闷的日子中，也能借助文字的不同寻常的魔力，于纷乱焦躁的周遭中完成自救，重拾沉静自在的心境。

我希望教学方法有"语文味"。语文老师"不是教语文的，而是教学生学语文的"，我们不是为了在语文课堂上展示个人才华，而是要让学生跟着我们走在语文学习的大道上。看看名家的教学方法，李镇西的读出问题、余映潮的板块、魏书生的四遍八步、钱梦龙的三主、于漪的情感等等，都有我们学习借鉴之处。

希望我们的语文课少一些花里胡哨，多一些实实在在；少一些天马行空，多一些脚踏实地；少一些鸠占鹊巢，多一些本色原味；少一些插科打诨，多一些吟哦讽诵；少一些故弄玄虚，多一些贴近文本；少一些凌空蹈虚，多一些亲近学生；少一些空洞说教，多一些领悟体认；少一些急功近利，多一些高瞻远瞩；少一些滑行散漫，多一些沉潜咀嚼……

从这个意义上说，哪天"语文味"这个词从语文教学研究领域中消失，我们不再把"语文课要有语文味"这个怪味的短语挂在嘴边，未尝不是一件好事。至少说明，语文教学找到了回家的路，迷途知返了。

第三辑 作品形式不容忽视

与其他学科相比,语文侧重于"怎么说",而其他学科则侧重于"说什么",这一点,现在已无异议。

语文学科既然是侧重于"怎么说"的学科,那么,就涉及作品内容与作品形式的问题。很长时间,我们的语文课,比较喜欢在"说什么"上流连忘返,沉醉不知归路,因而出现"语文味丢失""种别人的田荒了自家的地""非语文""泛语文"等说法,应该不是空穴来风。有些语文课上,尽管没有忘记"怎么说",但又变成了术语的验证与传播,有时一节课下来,除了让学生记住了几个术语外,学生的收获在哪里,还真的无法说清。一个明显的例子就是,我们的学生能熟练地指认各种修辞手法,但在自己的作文中能用的却少之又少。

某日,《常州晚报》记者要我谈谈孩子阅读的事儿,说到一个现象:孩子们都喜欢故事情节,并不在意语言形式。我说这个现象很正常,我们当初的阅读也是这样起步的。关键是,要看孩子有没有第二步、第三步了——也就是把目光聚焦于作品的语言形式。我读《红楼梦》时,第一遍也是只关心其故事情节,小说中那些诗词歌赋,我一概略过。等到第二遍时,情节已经不是重点,而开始欣赏小说中作者所使用的语言。比如,作者在描述王熙凤和林黛玉时,虽然都是写她们的美,但是王熙凤是"一双丹凤三角眼,两弯柳叶吊梢眉",林黛玉是"两弯似蹙非蹙笼烟眉,一双似喜非喜含情目";林黛玉初次进贾府时贾母问她读过什么书,林黛玉回答说只读过"四书",而后来贾宝玉问她"可曾读书",黛玉说"不曾读,只上了一年学,些须认得几个字",前后对答的不同,足见林黛玉心思敏感、细腻;林黛玉初进贾府时,所见的物件都是"半旧"——全新是暴发户,全旧是破落户。在这些细节中,作者不动声色的叙述,令人拍案叫绝,这是何等的功力!而且,随着阅读的遍数增加,收获越来越多,所谓量变引起质变吧。客观上说,"喜欢阅读"的人是很多的,但这只是走马观花式、完成任务式的浅阅读,也就是说,无需太多用心,休闲或娱乐,都可以。而学生的阅读,必然是有"学习"语言文字的任务的,因而,如果止步于初级阶段,只关心故事的情节,兴趣往往集中于基本情节,还不能说他是一个好的学习者,也许读过一遍,能说出几个精彩的情节来,但对语文学习上的帮助其实是有限的。这就不难理解,有的学生能口头讲很多故事,但是他却无法在书面上把作文写好,哪怕是他熟稔的故事,他也会写得味同嚼蜡。

老师们的状况也不容乐观。某学期末阅卷时,有一道题目是要求学生从表现手法上赏析一个句子,但就有老师误把"修辞手法"当作"表现手法"。二者的划分是否科学,试卷上这种考法是否合适,可以讨论,但至少在概念上二者是不同的。老师们尚且如此,何况学生呢?

童庆炳先生指出:"文学作品的形式,是指具体表现内容的内部结构和表现手段。构成文学作品形式的主要因素有语言、表现手法、结构和体裁。"也有论者把语言单独表述,我认为还是不要分开好,因此,有时也会笼统地表述为"语言形式"。特别要说明的是,这里的文学作品中的语言,无论是叙述者语言,还是人物语言,都不能理解为"一般语言",比如,李白的"白发三千丈,缘愁似个长",只能是文学语言,而非"科学语言",又如"旭日东升""夕阳西下",在科学上都是"不科学"的,但在文学上大家都觉得很美,这便是文学语言的魅力所在。语文课要做的是,让学生从这样一些文学语言中汲取语言养分,从而学习文学语言的音乐性、形象性、含蓄性和情感性,从而能在自己需要的时候予以运用。

知道了文学作品的形式是什么,并不是说,在语文课上就只教这些。我们并不排除语文教学中的主题、内容、思想、情感等,相反,这是很重要的。我认为,文本内容是血肉,文本形式是框架,二者须臾不能分开。要注意的是,不能因为教"形式",而把语文课变成没有生命力的简单的机械训练和题海战役，像一些"结尾删掉好不好""加点词换成另外一个行不行""这句话用了什么修辞手法，有什么妙处"之类的，反反复复已经练得让学生生厌的做法，连答案都公式化了，只会让学生智商越来越低，对语文学习的兴味越来越寡淡，可以休矣。

第三辑

不要让学生把知道的内容大张旗鼓地再说一遍

读蒋红森先生接受记者采访的文章,对其中一段颇有感触:

看现在的课堂教学,很多时候我们不敢说有效,更不敢说高效。有两种类型的课比较容易迷惑人:一种是热闹的课,学生你来我往,你说他讲,参与度很高,但仔细一看,学生热烈讨论交流的内容,基本上都是学生已经知道的内容,学生在课堂上无非是将自己知道的内容大张旗鼓地再说一遍。另一种是所谓精致有序的课,它们目标清晰,结构合理,过程流畅……这样的课确实来之不易,似乎可以匹配许多的溢美之词,但冷静一想,这是学生"学得好"的课堂教学吗?这样的课,其实是从如何教的角度设计的,是一堂教师感觉"教得好"的课,不一定是学生"学得好"的课。这种类型的课堂教学,其效益是值得怀疑的。如果让学生来评判这些课,结论大多是这样的:老师,我知道的你让我继续知道了一遍,我模糊的你让我继续模糊,我不知道的你让我继续不知道。(蒋红森、石在中:《语文课堂教学的守望者——蒋红森访谈录》)

后者姑且不论。我认为蒋红森先生所说的第一种情形,确实是戳到了语文课堂教学的痛处。

有些课堂,也许是为了追求观感,也许是为了体现教学有方,循循善诱,启发有效,总而言之,语文课常常被一些假象所迷惑。听课时,学生听到教师提出的问题,马上就"积极举手发言",甚至大面积举手发言,有评课者也不吝溢美之词高度赞扬这样的教学效果。我们是不是该追问一下，如果学生对老师提出的问题，都能"举手如林"，这样的问题还有多大的价值？这是学生真实的学习状态吗？表面的繁荣是不是遮蔽了学生思维的肤浅，重复着学生的已知？

老师不能老是重复学生已经知道的。语文老师得从学生的已知里发现未知，他得能运用文艺学的原理，揭示课文的艺术奥秘，讲出语文的魅力来。这是语文教学的专业自尊，也是老师教学的意义之所在。

然而，我们遗憾地发现，语文教学不专业就常常体现在语文老师"种了别人的田，荒了自家的地"，老是在学生已知的领域兜圈子，原地踏步走。尤其是一些有精神启迪的文本，老师们无不喜欢掘地三尺，反复带着学生发宏愿，唱高调，搞宣誓。在课堂上启发学生"通过这节课的学习，懂得了什么"，接着就是学生们的侃侃而谈、慷慨陈词："我再次感受到了父亲的深沉的爱""母爱伟大、无私""我们要尊老爱幼""爱护环境，从我做起""我们要珍惜时间"……我当然坚定地认为，语文教学要担当起立德树人的不可替代的责任，关键在于，语文教学有其独特的方式方法，需要借助语言文字而抵达文本的内核，所谓"随风潜入夜，润物细无声"，不能空穴来风，声嘶力竭地喊口号。我总是以小人之心度君子之腹：我们不上这节语文课，学生就不知道父爱母爱、尊老爱幼、爱护环境、惜时勤勉？你果真以为这一节课，就能让学生发生翻天覆地的变化而洗心革面？如果这样，教学就变得简单化了。

孙绍振先生也认为："老师的任务，就要从学生的一望而知指出他的一望无知，甚至再望也还是无知。"不可否认，时下有些语文课，的确大量存在孙绍振先生所批判的"在语文课堂上重复学生一望而知的东西"的肤浅教学、肤浅学习的现象。很多课堂常常在学生已知的话语上纠缠不休，甚至人为制造混乱。比如，我们从小学就开始教修辞手法，到了中学还是在教学生"这里用了什么什么修辞手法，有什么什么效果"，学生回答都已经格式化了，我们还在不厌其烦地一遍又一遍地重复。我们的学生熟练地指认"本体喻体"，却依然不能辨别"小姑娘的脸像红苹果"与"小姑娘的脸像红烧肉"，同样是比喻，为什么前者是好的，后者却让人觉得可笑。再比如，我们无法窥见作文的本来面目，却总是在教学生"如何拟题""如何开头、过渡、结尾"，或者装模作样地教学生"如何立意深刻"，最终的结果是，真正的作文水平没有提高，反而学会了投机取巧的种种做法——写题记，列小标题，开头来一段不着边际的排比句，"扶老太太过马路""公交车让座"大行其道，实在不行"背作文"，甚至有学生在考场上把试卷中阅读理解的文章直接抄到作文中，企图蒙混过关，把好端端的作文给玩坏了，其影响之恶劣和深远，令人发指。

王旭明先生大声呼吁："千万别让语文教学变得时髦却虚伪！"王旭明先生的话虽然有些偏激，但也不无依据。

曾有幸观摩一些改革名义的课堂教学，学生在课堂上展示了"前置"的"学习成果"。我发现了一个非常不可思议的情形：学生们在课堂上拿着一沓沓打印或摘录出来的材料照本宣科，有的读得疙疙瘩瘩，有的语言简直就是考试题的翻版，有的读得支离破碎——明眼人一看就知道，这些所谓的"前置学习"的材料不过是网上搜集的或照抄的各种参考书上的文字，根本就不是出自学生之手之口。既然学生都已经会从课外浩瀚无边的材料中搜罗，何苦要费神费力搬运到课堂上来？是要展示学生会上网搜索材料吗？虽然几个小组的同学纷纷上台表演，但话语风格几近一致，看不到教师的引领，看不到学生从材料中生发出新的感悟，课堂教学沦为不断地简单重复和叠加而已。

王荣生曾说："语文教师的责任，恰恰在于把学生本来不喜欢的东西，通过教学变成他喜欢的东西；恰恰在于把学生本来不能理解、感受的东西，通过教学变成他能够理解、感受的东西。"

诚哉斯言！

第三辑

装神弄鬼何时休

"现在语文教学界装神弄鬼的太多!"

这是四川师范大学教授李华平先生评论黄厚江老师执教的《背影》时，引用的黄老师的话。我承认，读到这一句话时，我不禁心头一颤！

黄老师所谓"装神弄鬼"之说，在我看来，是直指近年来语文课上的自说自话、无边无界、贩卖资料、玄虚空谈、歪批戏说等"非语文""泛语文"做派的激愤之语。

"装神弄鬼"的课，往往具有一定的迷惑性和遮蔽性。要么祭起"人文"的大旗，以"灵魂""生命""成长"等道德说教为名，无视语文学科的"特质"，轻而易举地拉起大旗充作虎皮，脚踩筋斗云，一个跟头就是十万八千里之外的云山雾罩，在语文教坛上招摇撞骗，他们深知，一旦与"人文"与"道德"扯上关系，一干芸芸众生便噤若寒蝉，不能轻易去怀疑，更不敢妄加评议；或打着"尊重学生"的旗号，思维如同天马行空，主题如同满天繁星，语文教学被学生牵着鼻子走；或是以"多元解读"为幌子，对种种言说一律点头称是，肆意践踏文本，作家拿来开涮，经典成为戏说；或以"创新""与时俱进"为名，用各种娱目悦耳的形式来"活跃课堂气氛"，情境创设、小组讨论、多媒体展示，手忙脚乱，通天入地，好一派繁荣昌盛，而推敲玩味、咬文嚼字，统统成了"雕虫小技"而遭弃置；或是以"拓展"为名，课文连"例子"都算不上，只是当作"引子"，上课没几分钟就抛开教材，连忙拽着学生一路狂奔却不知何往；或是以"大语文"为名，带着学生在语文学习的外围隔空而望，指着墙里面对学生说"喏，语文就在那里"，就是找不到登堂入室的门径，只好绕墙而过，让学生在社会生活中"大海捞针"式学语文，少慢差费涛声依旧，还要口口声声说"多读多写""语文学习的外延与生活的外延相等"。

于是，我们看到语文课堂沦为少数人的舞台，多数人的悲哀。那些原本语文功底优秀的孩子，有了更大言说的时空；沉默的大多数，则在少数学生与老师的你来我往的狂欢中，神情冷漠，目光黯淡，手足无措，默默地独守一隅，"热闹是他们的，我什么也没有"。每次少数人狂欢之后，总会有更多学生无尽的落寞。他们不是舞台上的主角，而是搭建舞台的剧务；他们偶尔也会在舞台上跑龙套，但他们更多的是在等着喧嚣舞台上炫目明星的表演完毕后，打扫，清理。

于是，我们的学生在热闹的课堂气氛中，激动、心动，就是没有行动。一节语文课，不写一个字，不翻看一页书，上课全凭一张嘴。口头上碰撞交锋，舌尖上你来我往，他们貌似暂时获得了精神上的慰藉，实际上却是燥热之后的虚脱，没有任何心灵叩问，没有任何理性思考。纷至沓来的内容，看上去"混血"，内在的却是"贫血"。除去满堂空泛热闹的思想"感悟"，除去一个个玄妙高深的"人文主题"，基本上没有扎实有效的技能训练、知识梳理，其目的就是把语文学习带到语文以外的某个地方。如此教学，我看到学生学会了夸夸其谈却言不由衷，千言万语却废话连篇，宏愿滔天却自欺欺人，只知"表现"，不知"我思故我在"。

于是，我们的学生学习了语文，写点文字依然是错别字接二连三，词不达意，病句连篇，没有章法，不讲逻辑，文体"四不像"，屈原、刘邦、项羽、杜甫等一干名人排队而来，材料堆砌，隔靴搔痒地转述别人的故事；语言花哨，无病呻吟，肆意宣泄，强词夺理，要么小文人般自怨自艾、顾影自怜，要么政治家般讲大话、空话。

至今，我时常会羞愧地想起，上一个世纪末的一些事来。年轻气盛，稍微读了一些书的我，整日里将"人文"之类的宏大术语挂在嘴上卖弄，俨然自己已经化身学生成长的"精神导师"，语文课上东拉西扯，海阔天空，自吹自擂，常常因自己表现欲的无限膨胀而滔滔不绝，学生听得如痴如醉，我常常以"不知不觉一节课就结束了"为自豪。但是，问学生学到了什么，恰似一江春水向东流，"天空没有留下痕迹，而鸟儿已经飞过"，只好以"感动""有兴趣"之类模棱两可而又无影无踪的话去搪塞一番。课堂教学的流程犹如断线的风筝，随风飘泊，至于会栖落在哪根树枝上，似乎都无所谓。教学文本的核心价值，语文教学的关键能力，到底如何落实，无暇顾及。常常写点豆腐块发表在全国多家教育教学的杂志上，颇为自鸣得意，还出了本谈教育的书，分明就是以"名师"自居了。追逐新锐，蔑视传统，仰望星空，不愿低头看路，对语文界的一些传统学术理论不屑一顾，对"那一代"，未尝读过原著，甚至压根就没耐下心来读过几篇文章，仅凭只言片语就直呼"过时了"而欲将那些文字束之高阁。对一些卓有建树的教育专家、教坛名师，尚未细细品读，单从课堂形式去挑剔，就浅薄地觉得"不比自己高明"。最爱做的是，赶时髦、吃力地去啃着几本佐藤、卢姆、斯基、可夫、加尔的书，在不同场合用看似不经意的方式随口溜出这些半生不熟的名字来，或引用几个似懂非懂的术语，如建构、多元、全纳，再发几篇剑走偏锋的文字。——肥皂泡就这样吹起来了。

写到这儿，曾在网络上引人热议的两个句子又一次"扑面而来"：

"误尽苍生是语文。"我说，误尽苍生的是装神弄鬼的语文课。

"我觉得中国的文科老师多数都是白痴。"话说得很刺耳、刻薄，但我觉得自己在语文教学上确实做了很多"白痴"的事儿。

有一天，一位好友向我提问：你成天地讲"感悟体验""精神成长""人格力量""道德情怀"，请问语文课上如何让学生做到？

我说："读啊！书读百遍，其义自现。古人不是早就讲过的常识吗？"

"请问：同样是书读百遍，为何有人能读懂读深读透，而有人却依然一头雾水？"好友追问。

"读不懂读不透的人，是因为没有方法、策略、情感、兴趣，也就是缺少钥匙。"我有些不快了。

"既然如此，那么，你的语文课上教给学生哪些方法、策略，又是如何培养情感、兴趣？你的钥匙是什么？你是如何让学生拿到这把钥匙的？"朋友毫不留情地穷追不舍。

"书读百遍……多读书……读啊……"我语塞了，我发现自己陷入了无法自圆其说的境地。

朋友看出我的窘态，没有"宜将剩勇追穷寇"。

一段简短的对话，犹如一盆冷水，把我从浮躁、浅薄、虚幻中浇醒，把我从良好的自我感觉中彻底地打回了原形。我承认，我心虚了。

的确，要抵达学生心灵深处，促进学生精神发展，可是，语文教学中如何抵达呢？扪心自问，我当时哑口无言。朋友的话，让我数年苦心孤诣、自以为是地建立起来的空中楼阁，瞬间灰飞烟灭。原来，我这么多年的语文教育，一直像海市蜃楼一样，虚无缥缈，像雾像雨又像风。

语文课，再也不能这样上！多年前，孙绍振先生在闽派语文的旗帜上就写上了"去蔽"，诚哉斯言！我也要为自己的语文教学"去蔽"！

于是，在听课时，我再也不会傻乎乎地跟随教者的煽情表演而心潮澎湃，不会因教者天然的声震舞台的精彩朗诵而自叹弗如，不会因学生离开文本的高谈阔论而竖起大拇指，不会因幻灯片的精美绝伦而眼睛发光，不会因教学设计流程的滴水不漏而忙不迭地记录，不会因教师对文本的过度解读而心生敬佩，不会因教师挥舞着道德大棒而战战兢兢。相反，我更关注的是，学生想学什么，能学什么，老师想教什么，事实上教了什么——是不是在用语文的方法学语文，用语文的方法教语文。

我冷静了下来。那些被我搁置一边的落满尘灰的传统文字，似乎又在低低地呼唤我，让我找到语文教学回家的路；叶圣陶、朱自清、夏丏尊，熠熠生辉，高山仰止，在大师的丛林中，我小心地捡拾，细细地玩味，一个不起眼的石子，也能折射出一番大世界。我开始反思自己的语文教育，期待语文教育能实在、简洁一些。我的启示就在于：借助语言文字，抵达学生的心灵世界。我揣摩着名师们文本教学解读的一个个细节，咀嚼着一字一词一句中言简义丰的魅力，欣赏着他们在语言文字的品味中不着痕迹的情感态度价值观的引领，甚至课堂上的一个瑕疵的处理、一个缺憾的修补，都是那样的自然可亲——语文课，是这样的实：厚实、扎实、真实。

第三辑

多一些"各人各读法"

观摩一位老师执教余光中的《乡愁》的公开课。这位老师注重让学生读书，可是，就喜欢让学生齐读。齐读什么呢？有时读全诗，有时读章节，有时读自己喜欢的精彩语句。匪夷所思的是，还要学生齐读作者简介、文学常识、写作背景之类的。

一节课下来，看上去课堂气氛活跃，读起来很有气势，好像体现了"语文课要让学生读书"的特点。可是，读书的方式"整齐划一"，却值得商榷。

听完课，老师客气地请我"指导指导"，我也就好为人师地提醒：少一些齐读。

齐读，当然是一种读书方法，也许能"活跃一下气氛"，"吸引学生注意力"，除此之外，我觉得对学生读书没太多的启迪。

我不喜欢齐读，也不喜欢听学生齐读。有时，晨读进教室，看到科代表已经在组织学生读书，一旦遇到学生齐读，我往往会叫停，说不要齐读，自己读书吧。

朗读指导很重要，但是要依据朗读的内容，选择合适的朗读方式。

有的课上，老师为了让学生通过朗读来体会人物的性格，要求学生一遍又一遍地齐读小说中的人物对话。须知，个性化的语言往往表现个性化的人物，用齐读来展示，众声喧哗中，还能读到人物的个性吗？齐读的方式，伤害了文本的个性。宋时有一幕士擅歌。一日东坡相问：我词与柳郎中比，谁更好呢？幕士说：柳郎中词，宜十七八女郎，手执红牙板，浅吟低唱"杨柳岸，晓风残月"；学士词，须关东大汉，抱铜琵铁板，高唱"大江东去"。东坡大笑离去。这个故事，很形象地告诉我们，什么文本要用什么方式去读。读书是一种美的表达。叶圣陶先生说："所谓美读，就是把作者的感情在读的时候读出来。这无非如孟子所说的'以意逆志'，设身处地，激昂处还他个激昂，委婉处还他个委婉……美读得其法，不但了解作者说些什么，而且与作者的心灵相通了，无论兴味方面或受用方面都有莫大的收获。"

有的内容，压根就没有读的必要。比如，有的老师要学生齐读"学习目标"之类的，我就想，这样的事儿，犯得着齐读吗？让学生自己看一看，了然于心不就行了。

有人也许会反对，你让学生自己读，那么有学生不读，怎么办？我想，他"真不读"，总比滥竽充数的"假读书"要好。齐读时，有学生混在集体声音中，目光迷离，面无表情，抓耳挠腮，左顾右盼，有时连口型都与其他同学不一致，何必要勉强他。我的做法是，如果有时间，我会请懒惰的小家伙到我面前来单独读读。

最重要的是，用同样的读书方式对待不同的文本，既遮蔽了文本的特点，又湮灭了读者的个性化表达。

这里就牵涉到个人对文本的理解问题。"横看成岭侧成峰，远近高低各不同。"对于同一文本，完全可以见仁见智，读的处理方式自然就会不同。很多文字，只有在理解的基础上，才会有合适的朗读。用胡怀琛先生的话来说，就是"各人各读法"。

朱光潜在《我们对于一棵古松的三种态度》中，有一个经典的比喻：

假如你是一位木商，我是一位植物学家，另外一位朋友是画家，三人同时来看这一棵古松，我们三人可以同时都"知觉"到这一棵树，可是三人所"知觉"到的却是三种不同的东西，你脱离不了你的木商的心习，你所知觉到的只是一棵做某事用值几多钱的木料。我也脱离不了我的植物学家的心习，我所知觉到的只是一棵叶为针状、果为球状、四季常青的显花植物。我们的朋友——画家，什么事都不管，只管审美，他所知觉到的只是一棵苍翠、劲拔的古树。我们三人的反应态度也不一致。你心里盘算它是宜于架屋或是制器，思量怎样去买它，砍它，运它。我把它归到某类某科里去，注意它和其它松树的异点，思量它何以活得这样老。我们的朋友却不这样东想西想，他只在聚精会神的观赏它的苍翠颜色，它的盘屈如龙蛇的线纹以及它的那股昂然高举、不受屈挠的气概。

从此可知道这棵古松并不是一件固定的东西，它的形相随观者的性格和情趣而变化，各人所见到的古松的形相都是各人自己性格和情趣的返照。古松的形相一半是天生的，一半也是人为的。极平常的知觉都是带有几分创造性；极客观的东西之中都有几分主观的成分。

读书也是如此。读书所见，因人而异；读书方式，也是因人而异。

不同人读书方法不同，即使同一个人在不同时期读一本书体验也会不同。所以才有"常读常新"之说。比如园里那一棵古松，无论是你是我或是任何人一看到它，都说它是古松。但是你从正面看，我从侧面看，你以幼年人的心境去看，我以中年人的心境去看，这种情境和性格的差异便能影响到所看到的古松的面目。

经常有老师说，一首诗，老师读来泪眼婆娑，可是学生却无动于衷，这就与人的不同阅历、心境有关。比如，柯岩的《周总理，你在哪里》中有这样两节文字："周总理，我们的好总理，／你在哪里呵，你在哪里？／你可知道，我们想念你，／——你的人民想念你！""总理呵，我们的好总理！／你就在这里呵，就在这里。／——在这里，在这里，／在这里……／你永远和我们在一起／——在一起，在一起，／在一起……"其中的一唱三叹，一般中老年教师能联系特定的时代背景，将个人的经历的世事沧桑融进诗歌，情动于衷，淋漓尽致地表达出来。正如刘勰在《文心雕龙·知音》中说："夫缀文者情动而辞发，观文者披文以入情，沿波讨源，虽幽必显。"而学生了解的只是一段写在书本上的"历史"，他们无法感同身受，读起来就没有老师那么投入，有时甚至会出现"笑场"的尴尬局面。

宋代蒋捷词《虞美人·听雨》最能表现这种情境：

少年听雨歌楼上。红烛昏罗帐。壮年听雨客舟中。江阔云低、断雁叫西风。

而今听雨僧庐下。鬓已星星也。悲欢离合总无情。一任阶前、点滴到天明。

其实，无论是齐读，还是默读、自由读、个别读、分组读，都不可一概而论其"好"还是"不好"，合适的才是最好的。所谓合适，就是适合文本，适合读者。

不妨"听听"自己的课

一节公开课后,我把录像看了一下,真是"不看不知道,一看吓一跳",完全不像自己想象的那么理想,也没有听课老师褒扬的那样完美。

我发现,曾经严厉批评的课堂教学瑕疵,竟有许多发生在自己身上。语言欠简洁,废话多,口头禅"我们""好的""嗯"屡屡出现;语速较快,有时吐字含混不清,估计学生根本听不清;声音貌似抑扬顿挫,听来却生硬做作,缺乏美感;有时请学生回答问题,眼睛不看着学生,而是转向黑板、屏幕、教材或其他学生,似乎心不在焉(其实是在想着下一步的教学流程),对回答问题的学生不够尊重;与学生对接中,评价学生的语言缺乏感染力,干瘪乏味;体态语多,有些动作幅度过大,频繁地在学生间走动,干扰学生思维和视线;师生对话局限于"师——生"的单向性问答式,生生之间的互动阙如;甚至还忘记了教学设计中预设的一个重要环节……这些只是技术上的问题,教学内容上的还有很多。

看罢视频,羞愧之情油然而生!良好的自我感觉,瞬间被打回原形——我的课,竟是如此千疮百孔,不堪回首。

因为工作的原因,我常参与一些教研活动,少不了给别人的课"指点指导",对于上述问题,我一般都会本着"知无不言,言无不尽"的原则中肯指出该如何如何改进。应邀到外地上示范课,碍于各种情面,大多会收获一些溢美之词,鲜有人给我指出问题,尽管我有时也真诚地"敬请批评指正",大家也不过当作一个客套话而已,不会较真的。我像电筒,只照别人,不照自己。听惯了恭维话,越发自我遮蔽,自我膨胀,课堂陋习也越积越多，连自己也不知道。我活成了自己讨厌的模样。

幸好，有过这一次直面自己课堂的经历，让我"认识自己"。后来，我外出执教公开课，常带一支录音笔，或请主办方把课堂录像发给我。回来后我再悄悄地反复地看，整理成课堂实录，细细推敲、琢磨，去短留长。古人云："以铜为镜，可以正衣冠；以古为镜，可以知兴衰；以人为镜，可以明得失。"我用"听自己课"的方法，照出自己的"小"来。"听"自己的课，对自己挑刺，内心有些不安、胆怯、沮丧，滋味不好受。作为教师，不能以刮骨疗毒的勇气面对，那些缺点便根深蒂结并可能疯长；倘能够以己为镜，发现自己的不足，就会发自内心地萌发涅槃的欲望，从自我感觉甚好中走出来，重新打量自己，塑造一个全新的自己。正如学记中所说："学然后知不足，教然后知困。知不足，然后能自反也；知困，然后能自强也。故曰：教学相长也。"

当下，很多老师花时间、精力、不菲的费用，追着名师天南海北地奔跑，渴望借鉴效仿名师课堂，期待学以致用，让自己的课堂能绽放异彩；在各级各类培训中，老师们专心致志地聆听专家讲座，见贤思齐，虚心学习的精神令人感佩。但是，唯他人马首是瞻，盲目地用别人的思想来武装自己的头脑，把自己的大脑变成别人思想的跑马场，忽略"我的课堂我做主"，忘记改变课堂的主体是教师自己，邯郸学步，迷失自我，反而画虎不成反类犬。

我们一方面要睁眼看外面的精彩世界，学习他人，为我所用；另一方面，要把自己的课打磨好。不可能有专家学者成天坐在你的课堂里帮你引领诊断，也不可能有学校领导重点陪伴你扶持你，坐镇教室，直到你脱胎换骨为止，这就需要教师守住自己的讲台，反躬自省，自我修炼。专家描述的"理想的课"，名师演绎的"精彩的课"，一切，最终都要在自己的课堂上生根开花，结出属于自己的果实，建构"自己的课"。

很多成功的老师在介绍经验时，都会说到"听"自己的课的习惯，"对着镜子一遍遍练习""通过听录音来纠正自己"，是他们潜心磨炼的必经之路，成如容易却艰辛，一鸣惊人的背后是厚积薄发。正是由于他们敢于祛除自身存在的种种习非成是的陋习，课堂教学才至臻化境。可以说，"听"

自己的课，是自我提升的不可或缺的路径。

苏格拉底说，未经审慎思考的人生是不值得过的人生。"听"自己的课，意味着内省；意味着尝试战胜自身的傲慢与偏见；意味着解放心灵，接受更为深重的苦难。如果试着回忆那些我们承受的、忍耐的、放弃的，你会发现，心灵的深度很多时候会令我们自己惊叹。